© Mike Rabensteiner

HUBERT NEUPER wurde 1960 in Bad Aussee geboren. Der ehemalige Skispringer und Mitglied der österreichischen Skisprung-Nationalmannschaft war 1980 Gesamtweltcupsieger und ist zweifacher Sieger der Vierschanzentournee (1980 und 1981). 1980 holte er bei den Olympischen Winterspielen in Lake Placid Silber. Nach seinem Ausstieg aus dem Spitzensport arbeitete er als Linienpilot und leitete die Skischule in Bad Mitterndorf. 1996–2019 organisierte er die Skiflug-Events am Kulm. 1997–1999 war er Geschäftsführer der Österreichischen Sporthilfe. Er erfand und organisierte 1999 und 2001 die weltberühmten »World Sports Awards«, die heutigen »Laureus World Sports Awards«. Nach Flatline (2003) publiziert Hubert Neuper nun sein zweites Buch: »Ich darf alles«.

Hubert Neuper
ICH DARF ALLES

Impressum

2022
1. Auflage

Text: Hubert Neuper

Überarbeitung und Lektorat: Martina Paischer

Medieninhaber, Verleger und Herausgeber:
Neuper & Team Freizeitbetriebe GmbH,
8983 Bad Mitterndorf, Österreich.

ISBN-Nr: 978-3-9505246

Medieninhaber, Verleger und Herausgeber:
Neuper & Team Freizeitbetriebe GmbH,
8983 Bad Mitterndorf, Österreich.

Print: Wallig Ennstaler Druckerei und Verlag

ICH DARF ALLES

Erkennen, Annehmen, Tun

Hubert Neuper

Wichtiger Hinweis
Dieses Buch ersetzt keine Therapie. Jeder muss selbst spüren, wann professionelle Hilfe gefragt ist. Der Autor kann dafür keine Verantwortung übernehmen.

Widmung

Dieses Buch ist für meine Töchter Nina und Laura sowie für meine Mutter. Insbesondere widme ich es meiner Frau Claudia, die mich in all den Jahren der Suche mit ihrer Güte und Liebe ertragen und unterstützt hat.

Inhaltsverzeichnis

Heilt die Zeit?

Allgemein wird behauptet, die Zeit heilt alle Wunden. Aber stimmt das? Heilt die Zeit alle Wunden?

Es mag richtig sein, dass die Zeit jene Wunden heilt, die körperlich und oberflächlich zu sehen sind. Aber was ist mit den tief im Unterbewusstsein versteckten Erfahrungen, die wir im Laufe unseres Lebens angehäuft haben? Jenen Glaubenssätzen, die meist auch noch negativ sind und nur einen Trigger brauchen, um aus ihrem Versteck hochzukommen und unser Leben unangenehm beeinflussen? Gerade bei diesen Glaubenssätzen verwenden wir die Zeit, um sie noch tiefer in der Seele zu verstecken, sie zu verdrängen, weil wir nicht hinschauen wollen.

Das wurde mir zu Beginn, als ich an diesem Buch zu arbeiten begann, klar. Ich hatte in all den vergangenen Jahren der Reflexion die Zeit meist nur dafür verwendet, um meine ungelösten Probleme und mächtigen Glaubenssätze zu vergessen, zu verdrängen, Abstand zu ihnen zu schaffen, damit ich mit dem Leben einigermaßen zurechtkam.

Je länger wir Ungelöstes verstecken, je tiefer wir etwas vergraben, desto weniger rasch kommt es wieder ans Tageslicht. Verdrängen und Vergessen ist aber nicht gleichzusetzen mit Heilung. Heilung gelingt nur mit dem Hinsehen, Erkennen und dem Annehmen, gefolgt von der Veränderung dieser ungewünschten Muster. Befreien können wir uns nur mit dem entschlossenen Tun im Jetzt.

So oft war mein Kopf mit Problemgedanken gefüllt. Nahezu durchgehend beschäftigte ich mich mit Themen, die mit der Vergangenheit oder der Zukunft zu tun hatten. Mit Situationen, wo mich jemand verletzt hatte, oder ich zu wenig Wertschätzung bekam. Diese Negativität war belastend und ging so weit, dass die aus diesem Denken entstehenden Gefühle meine guten Lebensumstände in negative umdrehten.

Um mich vor dieser düsteren Welt zu schützen, bediente ich mich unterschiedlicher Schutzreaktionen wie Flucht, Rückzug, der Opferrolle oder auch der Unbeherrschtheit. (Aus)zeit verwendete ich ausschließlich, um das scheinbar nicht zu Bewältigende tief im Unterbewusstsein zu verdrängen. Über weite Strecken meines Lebens war das Verdrängen mein Konzept.

Immer wieder malte ich mir aus, wie es wohl wäre, wenn mir jemand von einer Sekunde auf die andere all diese Mangelgedanken nehmen würde. Wie herrlich wäre es, aufzuwachen und die Energie des Lebens zu spüren, ohne Wenn und Aber. Der Gedanke daran, frei zu sein, erzeugte ein gutes Gefühl. Aber wie lange würde dieser angst- und gedankenfreie Zustand andauern? Wie lange wäre es möglich, in diesem Zustand der Fülle zu verharren?

Wohl nicht lange. Schon in kürzester Zeit wäre alles beim Alten, wenn ich nicht wieder Herr meines Denkens werden würde und mein Verhalten im Denken und Handeln verändere.

All die erlernten Muster würden zurückkehren, mein Verstand würde erneut belastende Szenarien erzeugen. Weil er es so gelernt hat, weil er daran gewöhnt ist. Ohne mein bewusstes Zutun wird er immer wieder Situationen erschaffen, die reale Gefühle nach sich ziehen und die den Anschein erwecken, dass es mir je nachdem gut oder schlecht geht. Mein unkontrollierbares verselbstständigtes Denken verhindert, dass ich das Positive an mir und meinem Leben erkenne, und ich verharre außerhalb jener Zeiteinheit, in der das Leben stattfindet – jene Zeiteinheit, die entweder Lösungen für Probleme bereithält oder die es mir ermöglicht, Dinge auch einfach einmal auszuhalten, sie zu ertragen. Dem Jetzt!

Mein unkontrollierbares Denken und in früher Jugend entstandene Glaubenssätze verstanden es, mich unter einer Trauerweide gefangen zu halten, mich wertlos fühlen zu lassen und mich ständigen Selbstzweifeln auszusetzen. Blitzschnell beförderte mein Verstand zu jeder Situation passend schlüssige

Argumente zutage, dass es nicht an mir lag, dass andere die Schuld tragen und mir etwas »angetan« haben, dass ich das Opfer sei.
Aber war das wirklich so, haben mir andere Menschen etwas »angetan«? Kann mir überhaupt jemand etwas »antun«? Ich habe in den letzten Jahren festgestellt, dass viele meiner Probleme nur erdacht waren und dass ich schwierige Situationen immer hätte bewältigen können, wenn ich mein Denken unter Kontrolle gehabt hätte. Ich erkenne, dass es nur den Anschein hatte, jemand hätte mir etwas »angetan«. Ich selbst war es, der es durch mein Denken so aussehen ließ, als wären andere schuld. Ich habe den Mangel in meinem Leben erdacht.

Erdachte Situationen sind nicht zu lösen, schon gar nicht, wenn diese in der Zukunft möglicherweise geschehen könnten, oder in der Vergangenheit stattgefunden haben. Deshalb hat die daraus entstehende Angst ausschließlich mit einer Vorstellung zu tun, dass möglicherweise etwas nicht zu Bewältigendes passiert. Zeitgleich hindert uns dieses Denken daran, dass wir aktiv dagegen etwas tun. Wir verharren in dieser latenten Angst, begleitet von Kummer und Sorge. Wir verharren darin, weil wir daran gewöhnt sind. Ändern wollen wir deshalb nichts, weil Veränderung mühsam und aufwendig ist.

Es gab für mich nur selten Gründe, mich über einen großen Teil meines Lebens nicht wertlos zu fühlen. Heute betrachte ich die belastenden Dinge der Vergangenheit aus der Perspektive eines Erwachsenen und erkenne, dass viele Reaktionen und Verhaltensweisen nicht notwendig waren.

Es ist so einfach, bei unangenehmen Lebensumständen Abhilfe zu schaffen. Wir wissen auch, wie das geht. Drückt uns zum Beispiel der Schuh, ziehen wir ihn aus und beheben die Ursache. Wir wissen genau, was zu tun ist und entschärfen die Situation.

Aber im »richtigen« Leben tun wir es so oft nicht, weil entweder »unser Denker« »Argumente« hervorzaubert, die es uns logisch erscheinen lassen, im Zustand der Unzufriedenheit und Angst zu verharren und nichts für eine

Veränderung zu tun, oder weil wir es einfach nicht können, da wir von unseren Glaubenssätzen und deren mächtigen Schutzmechanismen gar nichts wissen und deshalb in deren Geiselhaft sind.
Das Tun bindet unser Denken. Der Verstand kann nicht fokussiert an etwas arbeiten und sich gleichzeitig die Zukunft gut oder schlecht ausmalen.

Über viele Jahre habe ich meinem Verstand zugestanden, sich in der Zukunft und Vergangenheit aufzuhalten, mein Leben nach seinen Vorstellungen und unter dem Einfluss von Erlebtem zu gestalten. Dabei bediente er sich insbesondere unaufgearbeiteter Erlebnisse, die dann jene mächtigen Schutzreaktionen aktivierten, die mich immer wieder reflexartig unangebracht reagieren ließen.

Durch meine subjektiven Interpretationen unterschiedlicher Erlebnisse in meiner Jugend entstanden Glaubensätze, mächtige Glaubenssätze, wie etwa wertlos zu sein und nicht geliebt zu werden. Lange Zeit war es mir nicht bewusst, dass diese Glaubenssätze nach wie vor wirken und dass ich zu meinem Schutz immer wieder unangemessen reagierte: einmal unbeherrscht, manchmal mit Selbstmitleid oder Rückzug. Nie aber habe ich hingesehen. Nie habe ich mich gefragt, ob diese reflexartigen Reaktionsweisen überhaupt notwendig sind.

Was war also passiert? Wie konnte es sein, dass ich negative Lebensumstände mit den dazugehörigen Gefühlen erdenke? Warum habe ich aufgehört, meinen Verstand zu benützen? Wo haben meine Glaubenssätze ihren Ursprung? Was kann ich heute tun, um mich von alten, unnützlichen Mustern zu befreien?

Allen diesen Fragen habe ich mich in den vergangenen Jahren intensiv gewidmet. Ich habe Antworten gefunden und verstehe heute, warum ich trotz eines erfüllten Lebens dieses lange Zeit nicht als solches wahrnehmen konnte und warum ich immer glaubte, nichts wert oder das Opfer von irgendjemandem zu sein. Mir ist klar geworden, warum ich immer bestrebt war, der

Beste zu sein, bei meinem Tun aber keine tiefgehende Erfüllung fand. Meine Erfahrungen und Erkenntnisse habe ich niedergeschrieben und in diesem Buch zusammengefasst.

Heute weiß ich, dass es bis vor einiger Zeit völlig egal gewesen wäre, hätte mir jemand alle meine Sorgen auf einmal genommen. Es hätte nur kurze Zeit gedauert, bis sie wieder dagewesen wären. Nur wer sein Denkverhalten ändert, nimmt darauf Einfluss, und dann wird dieser Traum von »Sorgenfreiheit« die Folge unseres entschlossenen Handelns sein. Zeit spielt dabei keine Rolle, denn der Fokus ist auf unser Tun und auf den Moment gerichtet und der Moment hat keine Zeit.

Jeden einzelnen Tag arbeite ich bewusst daran, meinem Verstand Einhalt zu gebieten und ihn daran zu hindern, dass er ohne meine Einflussnahme selbstständig und ungefragt eine Gedanken- und Gefühlswelt erzeugt, die nichts mit der Realität zu tun hat.

Heute kenne ich die Ursachen und habe mir einige wirkungsvolle Werkzeuge zum Gegensteuern angeeignet. Diese Werkzeuge, so wie die Erkenntnisse, die ich auf dieser Reise gewinnen durfte, teile ich mit Ihnen.

Viel Spaß beim Lesen!

Wieder einmal den Müll sortieren

Wieder einmal sitze ich in einem fremden Land und bin enttäuscht von den Menschen, denen ich vertraut habe. Ich fühle mich verraten und im Stich gelassen. Wie kann es sein, dass ich mich schon wieder in so einer deprimierenden Situation befinde? Ich zermartere mir den Kopf und ein merkwürdiges Gefühl kommt in mir hoch: ein Gefühl der Vertrautheit, denn ganz unbekannt ist mir mein derzeitiger Zustand nicht.

Das erste Mal fiel ich nach dem Ende meiner Sportkarriere in dieses dunkle Loch, war völlig am Boden zerstört, suhlte mich in Selbstmitleid und wusste nicht mehr, wie es weitergehen sollte. Sehr ähnlich erging es mir nach den »World Sports Awards« – einer Veranstaltung, die von mir ins Leben gerufen worden war.

Ein sehr starkes Motiv im Zusammenhang mit der Durchführung der »World Sports Awards« war zu zeigen, dass ich der Beste bin, aber auch um Anerkennung zu bekommen. So war es nicht verwunderlich, dass ich mir Anerkennung erwartete.

Es kam anders, denn auf Grund einer Schlagzeile in einem österreichischen Magazin wandten sich die Menschen von mir ab. Das Magazin behauptete, ich hätte »Steuermillionen in die eigene Tasche gewirtschaftet«. Eine Lüge, wie auch das Gericht später urteilen würde. Trotz eines reinen Gewissens konnte ich den Gedanken nicht wirklich loswerden, etwas Falsches gemacht zu haben. Ich war in meinen Gedanken gefangen und kam nicht heraus aus diesem Teufelskreis des zerstörerischen Denkens, was einige Zeit später zu einem Burn-out und einer Flucht in die U.S.A. führen sollte, aber davon später mehr.

Warum hat nie etwas Bestand, das ich mache? Das frage ich mich, während ich mich gegenwärtig der Negativität hingebe.

Ich bin in Dubai, und in Österreich findet gerade zu diesem Zeitpunkt das Skifliegen am Kulm statt. Dieses Mal, nach 25 Jahren, in denen ich das Organistionskomitee leitete, ohne mich. Könnte ich es wertfrei sehen, würde ich erkennen, dass es im Grunde um nichts geht. Ein Job, eine Position, eine Funktion – was ist das schon im Vergleich zu so viel wichtigeren Dingen? Aber das kann ich nicht.

Der Generalsekretär des Österreichischen Skiverbandes (ÖSV) hatte mir trotz ständiger Urgenzen meinerseits über eineinhalb Jahre lang das Gespräch verweigert, woraufhin ich auf meinen Wunsch die Zusammenarbeit beendet hatte.

Ich fühle mich würdelos behandelt und in meiner Welt bricht gerade wieder einmal alles zusammen, was ich aufgebaut habe. Ich bin voller Hass und richte meinen Zorn gegen den Skiverband, die Gemeinde Bad Mitterndorf – im Grunde auf alles und jeden. Ich bin davon überzeugt, dass sich die ganze Welt gegen mich verschworen hat. Und ganz ehrlich: dieser Zustand geht mir auf den Geist.

Immer wieder kreisen meine Gedanken um die Frage: Warum passiert das schon wieder? Warum schaffe ich Großartiges, nur damit es am Ende wieder wertlos erscheint? Wer trägt die Schuld an der Situation?

Für mein Ego ist klar: es sind die Verantwortlichen des ÖSV. Neu für mich ist in jenen Stunden, dass ein Teil in mir es für möglich hält, dass ich selbst schuld bin, oder zumindest ein Teil der Verantwortung bei mir liegt.

Könnte ich in diesen Momenten den Blickwinkel wechseln, würde ich erkennen, dass der Gedanke gar nicht so verkehrt ist. Aber zu der Zeit kann ich das nicht, zu tief sitzt die Enttäuschung.

Da mir so etwas nun schon zum wiederholten Mal passiert, könnte an dem Gedanken jedoch durchaus etwas dran sein. Den Gedanken zu Ende führen, geschweige, ihn auszusprechen, fällt mir schwer, war ich doch immer so darauf bedacht, mein Bestes zu geben. Zugegeben, um die Aufmerksamkeit auf mich zu ziehen und Anerkennung zu bekommen, aber das spielt doch keine Rolle, oder doch? Wie auch immer. Jetzt soll ich an dieser traurigen Situation auch noch selbst schuld sein?

Nach meinem Burn-out im Jahr 2003 war ich fest davon überzeugt, mich erfolgreich aus dem System des Selbstmitleids und der Opferrolle befreit zu haben. Hier sitze ich nun und stelle fest, dass das offenbar ein Irrtum war, und diese Erkenntnis trifft mich wie ein Blitz.

Sehe ich mich um, so hat mein reales Leben gerade rein gar nichts mit meinem Gefühlszustand zu tun. Ich bin zum Golfspielen in Dubai – ich liebe den Golfsport! –, ich wohne in einem großartigen Hotel und bin von wunderbaren Menschen umgeben. Nur kann ich diese Realität nicht wahrnehmen, zu sehr ist sie von meinen negativen Gedanken überlagert und zugeschüttet von Gefühlen der Wertlosigkeit und des Selbstmitleids. Ich dachte, ich hätte die Opferrolle hinter mir gelassen und werde gerade mit dem Gegenteil konfrontiert.

Warum nur glaube ich immer noch, ständig ein Opfer von irgendetwas oder irgendjemandem zu sein? Warum verspüre ich nur Zufriedenheit, wenn »alle« Menschen mir Anerkennung zollen? Warum habe ich Angst, Anerkennung überhaupt anzunehmen? Woher kommt die Suche nach Aufmerksamkeit? Es müsste doch endlich einmal reichen! Ich habe in vielen unterschiedlichen Bereichen Erfolge gehabt und mich bewiesen. Traurigerweise habe ich diesen Erfolg, wenn überhaupt, nur kurz wahrgenommen. Warum glaube ich, dass meine Erfolge ohne Wert sind und nichts von Bestand?

Ich bin müde, ich will nicht mehr so sein. Ich will endlich herausfinden, woher es kommt, dass ich mich wertlos fühle, woher es kommt, zu glauben, nur dann zu genügen, wenn ich am Boden liege mit dem Gefühl, es wieder einmal allen gezeigt zu haben. Wieso habe ich aufgehört, meiner Intuition zu folgen? Es geht mir nicht gut dabei, also weshalb spiele ich, wie ein Schauspieler, eine Rolle und folge einem Weg, der nicht meiner ist? Wieso kann ich mein Denken und die daraus resultierenden Gefühle nicht unter Kontrolle bringen? Warum suche ich nach Einsamkeit, obwohl ich die Nähe vertrauter Menschen brauche? Ich habe es satt, mich als Opfer zu sehen, neidisch zu sein auf jene, die es vermeintlich gut haben. Ich habe es satt, mich immer wieder zu verstellen, nur um geliebt zu werden.

Es ist Zeit, hinzusehen und diese Fragen zu beantworten, herauszutreten aus der Trauerweide. Das Verhalten zu beenden, immer wieder den Beweis anzutreten, der Beste zu sein. Es ist Zeit, zu meiner Authentizität zu finden. Also mache ich mich zum wiederholten Mal auf die Reise, um Antworten zu finden.

In unserem Leben dreht sich fast alles um zwischenmenschliche Beziehungen. Gute Beziehungen machen glücklich, schlechte unglücklich. Was bringt der größte Reichtum, wenn ich mich einsam fühle? Was bringt der größte Erfolg, wenn ich ihn nicht als solchen erkenne? Was bringt der größte Erfolg, wenn kein Mensch mir wirklich nahesteht? Nichts hat dann einen Wert. Egal, wie sehr wir uns das einreden.

Ich habe eine große Sehnsucht, zu einer Gemeinschaft zu gehören, die mich so anerkennt wie ich bin. Der Wunsch fühlt sich existenziell an. Darum richte ich auch meine Bemühungen darauf aus, meine Beziehungen so zu gestalten, dass sie mir das Gefühl der Anerkennung, des Gemochtwerdens geben und verhindern, dass ich angegriffen und abgelehnt werde. Ich wünsche mir, dass man mich so nimmt wie ich bin, aber ich glaube insgeheim, dass es nicht möglich ist, von anderen aufrichtig gemocht zu werden, wenn ich einfach nur »normal« bin.

Denn die ganze Welt funktioniert doch nach dem Erfolgsprinzip. Nur der Erfolgreiche wird anerkannt. Wer Anerkennung will, muss besser, schöner, mächtiger, reicher oder einfach ganz anders als die anderen sein.

Schwäche darf man nicht zeigen. Dieses Verhalten zwingt uns mehr oder weniger, unsere Authentizität aufzugeben. Das aufzugeben, was wir sein wollen, was wir empfinden. Es gibt viele Menschen, die so wie ich fühlen. Gezwungen, eine Rolle zu spielen, die mit dem, was sie sind, oftmals gar nichts zu tun hat. Nur die starken Seiten zeigen und dafür sorgen, dass keiner die Schwächen mitbekommt. Die Fassade zeigen, von der sie annehmen, dass sie sie liebenswert macht. Es ist nur logisch, dass wir uns auf diese Weise von uns selbst entfernen und natürlich, ohne es zu merken, auch von den anderen.

Ich überlagere das im Unterbewussten verankerte Wissen, dass Nähe nicht dadurch entsteht, dass ich perfekt bin und dass ich von anderen für meine Leistungen bewundert werde. Es bleibt lediglich falsches Harmoniestreben und dieses wiederum kompensiere ich mit Unaufrichtigkeit mir selbst gegenüber. Meine Ohnmacht manifestiert sich in Angriffen und Attacken, in Projektion von Schuld auf andere – oder ich nütze das Rollenspiel, um meine Tarnung aufrecht zu erhalten.

In immer kürzer werdenden Abständen ist diese Fülle an Verleugnungen nicht mehr auszuhalten, und dann fliehe ich. Ich fliehe vor mir selbst. Der Rückzug scheint mir die einzige Möglichkeit zu sein, um zu »überleben«. Trotz der langen Suche, die ich bis zu jenen Momenten in Dubai schon hinter mir habe, habe ich scheinbar noch nicht verstanden, dass echte Nähe allein durch Authentizität, Offenheit und Empathie entsteht.

Mein Leben war ab dem zehnten Lebensjahr davon geprägt, zu beweisen, dass ich genüge, und vieles – Beziehungen, Freundschaften und auch Situationen – bin ich nur deshalb eingegangen, um dieses Ziel zu erreichen. Vorgespielte Nähe war ein Mittel zum Zweck. Die meiste Zeit fühlte ich mich am wohlsten, wenn ich allein war.

In Dubai wird mir klar, dass ich schon so viel über das Leben weiß, es aber nie real umgesetzt habe, nur theoretisch und in Gedanken, deshalb finde ich mich in dieser wohlbekannten Situation wieder. Es ist an der Zeit für mich, einen neuen Weg einzuschlagen, die Beziehung zu mir und zu anderen Menschen ohne Performancedruck und Rollenspiele zu verbessern und meine Ängste und Schutzmechanismen intensiver zu beleuchten. Um die Sinnlosigkeit dieses Verhaltens zu erkennen, führt kein Weg daran vorbei, mich bedingungslos meinen Ängsten und meinen Altlasten zu stellen.

Eine Zeitungsmeldung nach den »World Sports Awards« hatte im Jahr 1999 meine Welt fundamental erschüttert. Um nicht hinschauen zu müssen, spielte ich in der Öffentlichkeit weiterhin den starken Mann. Ich verdrängte meinen Schmerz, versteckte ihn tief in meinem Unterbewusstsein. Es galt, die Fassade zu wahren, denn Schwäche zu zeigen, das passte nun wahrlich nicht zu meinem Image. Deshalb gab ich bekannt, dass ich mir eine Auszeit nehmen würde, um ein Buch zu schreiben und reiste 2003 in die U.S.A., nach Nashville, damit niemand von meinem Burn-out etwas mitbekam.
Nashville war herausfordernd: geprägt von Einsamkeit und Hoffnungslosigkeit. Doch es gelang mir, alles wieder zu verdrängen und guter Dinge nach Österreich zurückzukehren. Begleitet von dem Gefühl, mich nie wieder von anderen Menschen verletzen zu lassen, mich verletzt zu fühlen oder die Fassung zu verlieren.

Aber ich habe mich getäuscht. Mehr als 15 Jahre später trifft mich diese Erkenntnis wie ein Schlag. Ich bin am Boden zerstört und weiß wieder einmal nicht, wie ich die Situation bewältigen soll. Ich starre auf die Decke meines Zimmers im Hotel und frage mich, wie es möglich ist, dass mir so etwas schon wieder passiert. Verzweifelt stelle ich fest, dass ich aus meiner Vergangenheit nichts gelernt habe, die Auszeit scheinbar nichts bewirkt hat. Ich muss zur Kenntnis nehmen, dass die Zeit gar nichts für mich getan hat, außer mir dabei zu helfen, alles gut zu verstecken und bei der erstbesten Gelegenheit herausbrechen zu lassen und mich zurück an den Start zu katapultieren.

Im Grunde war ich deshalb hierher gereist (geflüchtet, um bei der Wahrheit zu bleiben), um nach meinem Rückzug als Organisator des Skifliegens am

Kulm nicht vor Ort zu sein, wenn diese Großveranstaltung erstmals nach einem Vierteljahrhundert ohne mich stattfindet. Dubai und Golf (Flucht und Ablenkung) hießen meine Bewältigungsstrategien. Ich wollte nichts von diesem Event hören müssen. Mein Ego aber schon, also rief ich Martin an, einen jahrelangen Weggefährten, um zu hören, wie es am Kulm lief: »Es sind zwar wenig Besucher«, meinte er, »aber sonst alles gut!« Er konnte das alles scheinbar emotionslos sehen. In meinem Kopf hingegen entstand eine Aneinanderreihung negativer Gedanken, die mich in Sekundenschnelle diese gute Zeit hier vergessen ließen. Mehr noch, mich in eine Situation beförderten, die ich nicht bewältigen konnte. Ich übertrug all den aufsteigenden Hass und meine tiefe Enttäuschung auf Menschen und Institutionen, die in meinen Augen für meine tiefe Kränkung und meinen traurigen Zustand verantwortlich waren.

Ich startete einen Dialog mit mir selbst um herauszufinden, was mich schon wieder in diese alten Muster kippen ließ. Das Gute: ich wusste, ein Burnout fühlt sich anders an, das beruhigte mich, und auch das Selbstgespräch brachte Ruhe in die Lage. Mir wurde bewusst, dass dieses ständige Projizieren meiner Angst und meiner negativen Gefühle auf andere und die daraus resultierende Flucht keine Lösung des Problems bringen würden. Ebenso wenig das Verdrängen von Gefühlen, um dann wieder zu beweisen, dass sich alle in mir täuschten.

Stehenzubleiben, hinzusehen, die Situation so zu akzeptieren, wie sie gerade ist, das kann Klarheit bringen.

So blieb ich stehen und versuchte, diese negativen Gedanken einfach zuzulassen, ohne sie zu bewerten. Natürlich ohne Erfolg. Aber es war da eine gewisse Zuversicht in mir, dass dieser Zugang die nötigen Veränderungen herbeiführen und es mir ermöglichen würde, das alles in einem anderen Licht zu sehen. Mir wurde bewusst: wie schon nach den »World Sports Awards« (»WSA«) habe ich meine Gefühle überspielt, getan, als ob nichts geschehen wäre. Ich spielte meiner Frau, meinen Freunden, meinem ganzen

Umfeld vor, dass mich mein Rückzug als Organisationschef des Skifliegens am Kulm so gut wie gar nicht tangieren würde, weil der Rückzug ja meine freie Entscheidung war. Und obwohl meine Intuition mir immer wieder den richtigen Weg aufgezeigt hatte, aktiv das offene Gespräch mit dem Generalsekretär zu suchen, habe ich das ignoriert und nach meinen gewohnten alten Mustern gehandelt.

Das angelernte Verhalten war viel mächtiger als mein Wille, etwas zu ändern. Mein selbstständig denkender Verstand brachte so viele »richtige« Argumente, die alle gegen eine Veränderung sprachen.

Viele Menschen können einen Moment nicht genau ausmachen, der eine nachhaltige Veränderung herbeigeführt hat. Bei mir war es in Dubai.

Es ist unglaublich, wie viel Energie man dafür aufzuwenden imstande ist, sich selbst leid zu tun und den Hass und die Schuldzuweisungen auf andere aufrecht zu erhalten. Da kann keine Kraft bleiben, um die nötigen Veränderungen einzuleiten. Mein Ego weigert sich standhaft, innezuhalten und hinzusehen, denn es ist überzeugt, dass es recht hat und zudem glaubt es, das Loslassen nicht bewältigen zu können, denn wie verhalte ich mich in Zukunft in Extremsituationen, wenn ich nicht auf bekanntes und erprobtes Verhalten zurückgreifen kann?

Ein Trigger – die Geschichte vom Kulm

»Über Gefühle sprechen« – das sagt sich leicht, was aber, wenn ich das nie gelernt habe? Die meiste Zeit meines Lebens war es für mich unmöglich mich zu öffnen, weil ich von klein auf daran gewöhnt war, herausfordernde Zeiten ausschließlich mit mir selbst auszumachen. Es war ein fixes Konzept, nie über Probleme zu sprechen.

Im Internat, als ich noch ein kleiner Junge war und wo ich oft dringend jemanden zum Sprechen gebraucht hätte, war niemand da, der mir zugehört hätte. Was hätte ich machen sollen, ich musste ein Konzept finden, die Dinge auszuhalten, sie zu ertragen, und zwar ohne mich mitzuteilen. Es ist aber von großer Bedeutung, all die in den unterbewussten verborgenen Ebenen versteckten und vergrabenen Erlebnisse an die Oberfläche zu holen, um sie zu sortieren, sie dort, wo es notwendig ist, zu ändern oder endlich loszulassen. Nur so können sich Lösungen auftun. Ich will verstehen lernen, welche Glaubenssätze und Strategien mir als kleiner Junge ein »Überleben im Internat« ermöglicht haben. Welche Schutzreaktionen sind da entstanden und wie bin ich in der Lage, diese aufzulösen? Denn eines ist sicher: als Erwachsener brauche ich sie nicht mehr.

Also mache ich mich daran, all die Emotionen, die mich jetzt oder früher in den Zustand der Verzweiflung brachten, ans Tageslicht zu holen. Vieles wird verständlich und für mich plausibel sein, manches nicht. Aber nur durch diese schonungslose Offenheit wird es gelingen, auf all die offenen Fragen Antworten zu finden.
Einige in Büchern, andere in persönlichen Gesprächen, andere möglicherweise durch die Urquelle selbst, jener universellen Quelle, die alles mit allem verbindet.

Um klarer zu sehen, ist der erste Schritt nun für mich, die negativen Emotionen wiederzugeben, die erneut der Auslöser sind für die Situation, in der ich mich jetzt befinde.

25 Jahre lang war ich für die Organisation des Skifliegens am Kulm verantwortlich. Mit einem hervorragenden Team haben wir uns im Auftrag des Österreichischen Skiverbandes um die organisatorischen Belange des Skifliegens gekümmert, wir haben Geld akquiriert, um die wirtschaftliche Grundlage für eine Durchführung dieses Events zu schaffen. All die Jahre habe ich das mit großer Begeisterung und vollem Einsatz gemacht. Von Beginn an verschrieb ich mich der Aufgabe mit Leib und Seele.

Während ich nun hier sitze, findet das Skifliegen am Kulm ohne mich statt, und zwar, weil ich das so entschieden habe. Dass ich so entschieden habe, hat eine jahrelange Vorgeschichte. Ich hatte den Generalsekretär meines Auftraggebers, dem ÖSV, mehrfach um einen Termin für ein persönliches Gespräch gebeten, um gemeinsam einige wichtige Dinge zu klären. So hatte ich zum Beispiel in Abstimmung mit dem ÖSV-Präsidenten ein detailliertes Konzept erarbeitet, wie die Skiflugschanze auch im Sommer genützt werden und als Einnahmequelle dienen könnte. Ich hatte Gespräche mit dem Landeshauptmann der Steiermark und seinem Stellvertreter geführt, in denen wir genau klärten, welche Infrastruktur für einen optimalen Betrieb nötig wäre. Beide Herren standen der Idee positiv gegenüber, und ich bekam die grundsätzliche Zusage für die Finanzierung dieser infrastrukturellen Notwendigkeiten. Damit es zur Umsetzung kommen konnte, ersuchte mich der Landeshauptmann um eine schriftliche Bestätigung des ÖSV, dass der Skiverband auch in den kommenden Jahren Skiflugveranstaltungen am Kulm organisieren lassen wird – verständlich, denn ins Blaue hinein wird kein Verantwortungsträger solche Investitionen tätigen. Der Termin war also durchaus als dringend – auch und vor allem im Eigeninteresse des Verbandes – einzustufen und ich wies auch immer wieder darauf hin, worum es bei dem Treffen unter anderem auch gehen sollte, aber alle meine Bemühungen schlugen fehl.

Es passierte mir nicht zum ersten Mal, dass meine Terminanfragen ignoriert wurden. Jahre zuvor war der Pachtvertrag mit der Auengemeinschaft einfach ausgelaufen, es gab also aktuell keinen gültigen Pachtvertrag mit den

Grundstückseigentümern des Kulms, da der Generalsekretär diesen schon seit ein paar Jahren nicht unterzeichnet hatte. Die Grundstückseigner drohten mir bereits damit, ihr Eigentum nicht mehr zur Verfügung zu stellen, was selbstredend eine Katastrophe gewesen wäre. Es war also Feuer am Dach. Deshalb habe ich mich auf den Weg gemacht, um die Grundstückseigentümer zu treffen und sie um ihre Zustimmung zu bitten, die infrastrukturellen Adaptierungen (die außerdem vom Internationalen Skiverband vorgeschrieben worden waren) auch ohne gültigen Vertrag in Angriff nehmen zu dürfen. Nach langen Diskussionen verbunden mit massiven und durchaus verständlichen Vorwürfen, stimmten sie, nachdem ich ihnen noch mein Ehrenwort darauf gab, dass unmittelbar nach der Weltmeisterschaft 2016 der Vertrag unterschrieben werden wird, zu. Fünf Jahre nach diesem Gespräch gab es noch immer keinen Vertrag. Der Generalsekretär brachte mich mit seinem Verhalten in Misskredit und ignorierte meine Ansinnen weiterhin. Die Zeit verging und es gelang mir weiterhin nicht, einen Termin bei ihm zu bekommen. Die Kosten für das aufwendige Konzept trug ich zu einem großen Teil selbst, und letztendlich wurden auch die Zusagen des Landes Steiermark zurückgezogen. Es gab also weiterhin keine Sommernutzung, und es fehlte auch nach wie vor ein ganz erheblicher Betrag, um nach zweijähriger Wettkampfpause die Flugschanze auf Vordermann bringen zu können. Im Jahr 2018 lief schließlich auch mein eigener Vertrag aus, und ich wollte wissen, woran ich bin. Im Februar 2019 fuhr ich nach Seefeld zur Nordischen Ski-WM und rief wieder einmal beim Generalsekretär an. Ich war fast ein wenig überrascht, dass er meinen Anruf entgegennahm. Im Gespräch vermied ich es bewusst, über die Vorkommnisse der vergangenen Zeit zu sprechen und bat ihn um eine halbe Stunde Zeit im Rahmen der zweiwöchigen Weltmeisterschaft, um die offenen Punkte zu klären. Es war alles aufbereitet, um schnell entscheiden zu können.

Er habe so viel zu tun, dass er nicht wisse, ob sich ein Treffen ausgehen würde, antwortete er mir. Ich wiederholte meine Bitte und betonte, dass wir nicht länger als eine halbe Stunde brauchen würden, die aufbereiteten Themen und Entscheidungen abzuhandeln. Er versprach, sich zu melden. Gemeldet hat er sich nicht.

Ich war unglaublich wütend. Ich zählte in Gedanken auf, was ich für den Verband alles geleistet hatte. Nahezu dreißig Millionen Euro an Sponsorengeldern hatte ich auf die Beine gestellt und so dafür gesorgt, dass das Skiflug-Event am Kulm wirtschaftlich erfolgreich abgewickelt werden konnte. Ich steigerte mich so hinein, dass ein negativer Gedanke auf den anderen folgte, und glücklicherweise entschied ich mich auf dem Heimweg nach dem Ende der WM, den Generalsekretär nicht anzurufen, denn da hätte es wohl in der Minute kein Miteinander mehr gegeben. Ich war tief gekränkt und kam immer mehr in Rage. Dabei kamen bittere Erinnerungen hoch, die ich verdrängt hatte – an das Jahr 2005 zum Beispiel, in dem der Österreichische Skiverband sein hundertjähriges Bestehen feierte: alle Medaillengewinner, Weltcupsieger, Weltmeister und Olympiasieger wurden geehrt – mich hat man mit keinem Wort erwähnt.

Ehe ich dann in einem Brief an den damaligen ÖSV-Präsidenten meinen Rücktritt bekanntgab, habe ich ein paar Nächte darüber geschlafen, um die Entscheidung später nicht zu bereuen. Zwei Monate lang gab es außer diverser Presseartikel keine Reaktion auf meinen Rücktritt. Weder vom Österreichischen Skiverband noch vom Land Steiermark, ebenso wenig von der Gemeinde Bad Mitterndorf (wo sich der Kulm befindet). Im April gab es dann die erste Reaktion, und die Sekretärin des Präsidenten bat mich um einen Termin.

Natürlich lag mir viel an einer Aussprache und vor allem war ich gespannt auf den Grund für das Verhalten des Generalsekretärs. Wir trafen uns in Innsbruck im Büro des Präsidenten, der Generalsekretär konnte es ebenfalls einrichten. Der Präsident meinte, ich solle nicht so »angerührt« (österreichisch für rasch beleidigt, empfindlich) sein, er würde das schon mit mir regeln. Wie aus der Pistole geschossen antwortete ich ihm, dass es da nichts mehr zu regeln gäbe, denn »mit solchen Menschen«, allen voran mit dem Generalsekretär, würde ich nichts mehr zu tun haben wollen. Den fragte ich dann konkret, was das überhaupt solle, mich eineinhalb Jahre um einen Termin betteln zu lassen und mich dermaßen unwürdig zu behandeln.

Er habe so viel zu tun gehabt, meinte er. »Es ging um eine halbe Stunde …«, sagte ich, worauf der Präsident den Generalsekretär maßregelte, dass man »so etwas wirklich nicht macht«. Ich sagte dem Präsidenten, dass es mir wichtig sei, die Kulm-Agenden ordnungsgemäß zu übergeben, damit die Arbeit bestmöglich fortgeführt werden könne, und wir vereinbarten ein weiteres Treffen zwischen dem Generalsekretär und mir, um die Übergabe im Detail zu besprechen. Im Juni 2019 fand der Termin am Bergisel statt, es war ein gutes Gespräch, und wir fanden eine Basis, auf der wir das Ganze zu einem guten und würdigen Ende führen wollten. Dachte ich nach dem Gespräch. Er stimmte meinen Vorschlag zu, dass ich aus der Organisation ausscheide und als Berater für die Veranstaltung 2020 – die erste Veranstaltung nach meinem Ausscheiden – fungiere. Ich bat ihn, die Details der Kooperation festzulegen und mir per E-Mail zu übermitteln. Wir gingen auseinander und ich freute mich über das versöhnliche Ende. Auf die E-Mail vom Generalsekretär warte ich bis heute.

Später erfuhr ich aus der Presse, dass die Gemeinde Bad Mitterndorf und der ÖSV einen neuen Projektleiter für den Kulm nominiert hatten. Im Gemeinderat, hörte ich, wären alle froh gewesen, dass die »One-Man-Show vom Neuper« vorbei sei. Der Bürgermeister bestätigte das dann auch noch in einem Interview: man würde »die Veranstaltung wieder mehr für das Volk machen wollen«, hieß es, und, »man würde keinen Wert auf den VIP-Bereich legen«. Der VIP-Bereich trug, nebenbei bemerkt, damals einen maßgeblichen Anteil an der Finanzierung der Veranstaltung. Und die Gemeinde hatte während meiner Zeit als Kulm-Organisator außer Naturalleistungen niemals einen Cent in diese Veranstaltung gesteckt, sagte dem ÖSV mit der Nominierung des neuen Projektleiters aber plötzlich mehrere Hunderttausend Euro für die Finanzierung der Veranstaltung zu.
Ich verstand die Welt nicht mehr. »Eine Veranstaltung für das Volk« – was sollte das? Bei den Veranstaltungen, die wir organisierten, waren in Summe 1 Million Menschen »vom Volk« vor Ort. Ein Freund erzählte mir später, dass er sich in einem Gespräch mit dem ÖSV-Präsidenten erkundigt hätte, weshalb ich weg sei und weshalb ich nicht mehr Kulm-Organisator sei.

»Der stellt sich zu sehr selbst dar und tut lieber singen und tanzen, als sich um die Veranstaltung zu kümmern!«, war die Antwort. Dass ich für die Finanzierung der Veranstaltung zwei Drittel des notwendigen Kapitals aufgetrieben hatte, schien vergessen. Stimmt, ich habe gesungen, moderiert, mich selbst dargestellt, damit der Kulm in den Medien Aufmerksamkeit fand, ich habe in New York, Wien und in Berlin ein Skispringen als Promotion für den Kulm organisiert, zuvorderst, um mein Bestes für die Sache zu geben, aber natürlich auch, so offen kann ich sein, um dafür Anerkennung und Wertschätzung zu erfahren. Und jetzt sollte ausgerechnet dieser Umstand Mitschuld tragen an meinem Kulm-Aus?

Während ich das alles schreibe, bin ich aufgewühlt, zugleich merke ich, wie wichtig es ist, das alles anzusprechen, auszuspucken, um es loslassen zu können. Bereits jetzt erkenne ich, wie mich ohne mein Zutun diese Gedanken in eine negative Stimmung bringen, obwohl alles schon vorbei ist. Weil ich es damals nicht verstehen konnte, war ich gezwungen, diese Erfahrung in meinem Unterbewusstsein abzulegen, ich habe es verdrängt, um mich nicht damit konfrontieren zu müssen.

Für mich war der Kulm Geschichte, für mich war klar, dass ich nie wieder dieses Gelände betreten werde. Trotz des festen Entschlusses, nie wieder dorthin zu gehen, erwartete ich mir ironischerweise insgeheim, zur Veranstaltung 2020 eingeladen zu werden. Wenn nicht vom ÖSV, dann vielleicht von der Gemeinde, dem Land Steiermark oder einem der Sponsoren, mit denen ich über viele Jahre zusammengearbeitet hatte.
Drei Wochen vor der Veranstaltung fragte ich deshalb meine engste Mitarbeiterin, ob eine Einladung zum Skifliegen gekommen sei. Die Antwort war Nein. Ich war sehr enttäuscht, und meine Gedanken kreisten darum, was für ein Trottel ich eigentlich gewesen bin, so viel für dieses Event zu leisten und mein Herzblut da hineinzulegen. Millionen von Euros, die ich an Menschen und Institutionen in der Region ausbezahlt hatte, all das schien ohne Bedeutung geblieben zu sein, keinen Dank und keine Anerkennung wert, ja, nicht einmal für eine verdammte Eintrittskarte hat es gereicht.

Es war erschütternd, wie viele negative Gedanken sich ohne Einflussnahme meinerseits aneinanderreihten. Deshalb fasste ich den Entschluss, während der Veranstaltung das Land zu verlassen. Da saß ich nun in einem wunderschönen Ambiente, verstand die Welt nicht mehr und fragte mich, wie man mir das alles nur antun konnte. Und zwar schon wieder.

Selbstverletzung und Überlebenskampf

Warum lasse ich mich durch das Verhalten anderer so verletzen? Ich habe doch einen freien Willen, und somit könnte ich selbst entscheiden, wie ich mit Situationen umgehe und wie sehr ich mich verletzen lasse. Betrachte ich die Kulm-Situation, so war es meine Entscheidung, mich so zu verhalten. Vielleicht aus Selbstschutz.

Aus dem Blickwinkel meines Egos trage ich keine Schuld, sondern andere Personen haben mir etwas angetan. Aber war das wirklich so? Betrachte ich das alles wertfrei und emotionslos, so wurde ich für meine Arbeit bezahlt und von meinem Auftraggeber sachlich und pragmatisch behandelt. Jeder kann entscheiden, wann und ob er mit mir spricht. Und auch wenn meine Arbeit nicht mehr gewünscht ist, hätte ich das ohne große Emotionen zu akzeptieren gehabt. Die Ursachen für ein bestimmtes Verhalten eines Gegenübers sind im Grunde bedeutungslos, und für den Fall, dass mir die Art der Zusammenarbeit nicht mehr gepasst hätte, hätte ich das jederzeit kundtun können.

Ich hätte mir zum Beispiel auch einfach eine Eintrittskarte für das Skifliegen kaufen oder auf die Nichteinladung reagieren und mich erkundigen können, was der Grund dafür ist, dass ich ausgeschlossen werde.

Wäre ich nicht so von meinem Ego gesteuert, würde ich erkennen, dass ich mich durch mein eigenes Verhalten in doppelter Hinsicht selbst verletze. Durch meinen Rücktritt habe ich die Kooperation beendet und nun verschlechtere ich die Situation zusätzlich, indem ich meinen negativen Gedanken freien Lauf lasse.

Meine Sorgen und meine Kränkungen entstanden durch meine Interpretation des Verhaltens anderer Menschen. Die anderen vermag ich aber nicht zu ändern, und auch ihr Verhalten nicht. Meine Beurteilungen waren es, die den Anschein erweckten, jemand anderer sei für meinen Lebensumstand verantwortlich. Ich selbst könnte immer durch mein Denken und Handeln entscheiden, welchen Zugang ich zum Leben habe und wer ich bin. Aber ich überließ das meinem unkontrolliert selbstständig denkenden Verstand.

Die Arbeit an mir selbst zielt nun darauf ab, dass ich mein Verhalten dahingehend verändere, dass ich es so sehen kann und entsprechend agiere. Bis dahin muss ich respektieren, dass mein Ego nach wie vor der Meinung ist, es gäbe Werte, an die wir uns als Gesellschaft und im Miteinander zu halten haben. Aber nur weil ich so denke, heißt das nicht, dass auch alle anderen so denken und handeln müssen.

Es ist mir aufgefallen, dass unser Ego Sündenböcke braucht, um mit seinem eigenen Frust zurechtzukommen. Frust, der interessanterweise nicht ausschließlich durch aktuelle Ereignisse zustande kommt. Diese aktuellen Vorkommnisse sind vielmehr der Auslöser, eine Art Aktivierung anderer, nicht aufgearbeiteter Erlebnisse.

Es wird spannend werden, herauszufinden, was in meiner Vergangenheit alles passiert ist, woher der Frust kommt, dass ich so reagiere und Situationen sich in ähnlicher Form regelmäßig wiederholen. Entgegen meiner ursprünglichen Meinung, ich hätte aus der Vergangenheit nichts gelernt, stelle ich aber fest, dass die gemachten Erfahrungen wohl notwendig waren, um heute zu erkennen, dass tief in meinem Unterbewusstsein noch etwas ist, das aufgearbeitet werden muss. Es muss einen Grund geben, warum ich mich immer als Opfer fühle und glaube, nicht zu genügen. Es muss einen Grund geben, warum ich lieber vor der Verantwortung flüchte, anstatt hinzusehen oder mich immer wieder beweisen zu wollen. Hätte ich all diese Antworten schon, könnte ich die Geschichte vom Kulm wohl in einem ganz anderen Licht sehen.

Ich war immer davon überzeugt, dass man sich völlig verausgaben muss, um erfolgreich sein zu dürfen und dass beim Erreichen von Zielen immer alles auf eine Karte zu setzen ist. Nur wenn mir das gelungen ist, und das auch nicht immer, hatte ich für einen kurzen Moment das Gefühl, etwas geleistet zu haben. Aber ehe ich mich umsah, war dieses Gefühl der Zufriedenheit weg und ich verfiel in den fixen Glauben, wieder von vorn beginnen und noch Außergewöhnlicheres leisten zu müssen, um geschätzt und anerkannt zu werden. Je weniger die Menschen an meine Visionen glaubten, desto mehr war ich überzeugt, endlich zu genügen, wenn ich sie dennoch erreichte.

Es mag vielleicht für kurze Zeit funktionieren, mit so einer Einstellung Erfolg zu haben, aber auf lange Sicht bringt nur die Freude am Tun beständige Fülle in unser Leben. Motive wie Hass mögen uns dazu bringen, über uns hinauszuwachsen, aber die Freude über das Erreichte hält nicht an. Ich denke heute, dass es unser Bestreben sein sollte, aus der erfüllenden Kraft heraus Aufgaben zu meistern, anstatt Motive des Mangels zur Motivation einzusetzen. Verhaltensweisen, die den Kreislauf in Gang halten, sich zu beweisen, müssen durchbrochen werden. Dankbarkeit sich selbst gegenüber für Geleistetes ist der Beginn der Veränderung.

Sehr oft ist mein Bewusstsein nach außen gerichtet. Dabei verliere ich viel von meiner Echtheit und das wiederum führt zu unterschiedlichen Gefühlsregungen. Das kann überschwängliche Freude sein oder auch zu belastenden Situationen führen, wie Verbittertheit und falschen Interpretationen der Realität. Die Gedanken kreisen um die Zukunft, die meist nichts Gutes verheißt oder ich verharre in der Vergangenheit, wo ich – wie gerade jetzt zum Beispiel – meine Wut auf Menschen projiziere, die ich für meinen Zustand verantwortlich mache. Ich schaffe eine Gedankenwelt mit unangenehmen Begleiterscheinungen.

Während ich mich meinen negativen Gedanken und den damit einhergehenden Gefühlen hingebe, bereite ich mich hier in Dubai auf ein Golfspiel vor, das mir immense Freude bereitet. Von dieser Freude ist aber nichts zu spüren, weil es vom unkontrollierbaren Negativdenken vollständig überlagert wird.

Gerade in jungen Jahren haben sich unterschiedliche Verhaltensweisen manifestiert. Es ist eine geistige Vorstellung davon entstanden, wer ich bin. Das Ego ist entstanden. Das Ego ist fest mit dem denkenden Verstand verbunden und vergleichbar mit der Spitze eines Eisbergs. Im Grunde unbedeutend, verglichen mit der Masse, die unter dem Wasser liegt. Bei all den Auseinandersetzungen mit mir selbst ist mir bewusst geworden, dass dieses Ego nur durch ständiges Denken aufrechterhalten werden kann.

Die Erfahrung in Dubai hat verdeutlicht, dass ich fest davon überzeugt war, der erdachte unangenehme Zustand sei real. Ich habe mich deshalb so mies gefühlt, weil mein Ego die schon längst vergangenen Erlebnisse in das Jetzt holte. Das führte zu dem sich so realistisch anfühlenden Gefühl, als würde man mich gerade jetzt wieder so schlecht behandeln. Weil ich meinem Ego auf den Leim gegangen bin, habe ich die Gefühle für real gehalten. Dabei waren es nur Hirngespinste.

Bei andauerndem Denken ist es nicht möglich, den Augenblick wahrzunehmen. Es gibt keine Chance, all das Gute, das uns umgibt, zu fühlen.

Wenn das Ego das Sagen hat, geht es immer um gewinnen und verlieren, es geht darum, recht zu haben, und eingebildete Situationen werden als real angesehen. Ständig wird beurteilt, bewertet und interpretiert. Im Ego-Modus sind wir gezwungen, uns mit der Vergangenheit zu beschäftigen. Das Ego macht das so geschickt, dass wir schon lange Vergangenes heute immer noch als aktuell und lebendig ansehen. Würde das Ego nicht ständig die Vergangenheit hochleben lassen, wäre die Frage berechtigt, welche Daseinsberechtigung es dann eigentlich hat. – Es macht das, um sein Weiterleben abzusichern.

Beim mir sieht das so aus, dass es sich in die Zukunft katapultiert, von der es ausgeht, dass sie viel besser sein wird als die Gegenwart, oder es macht die Vergangenheit lebendig. Beides hält mich aber vom Erleben der Gegenwart ab.

Ich war lange in einer Welt gefangen, die sich nur real anfühlte, es aber nicht war. Gefangen in einem Kreislauf, der darin bestand mit der Vergangenheit zu hadern, um dann die Realität zu verdrängen und schließlich zu glauben, dass ich irgendwann in der Zukunft wieder glücklich und zufrieden sein werde.

Unkontrolliertes Denken ermöglicht dem Ego, über uns zu herrschen. Das Ego ist rasch beleidigt, auch verletzlich und es fühlt sich ständig bedroht. Das ist auch dann der Fall, wenn wir uns nach außen hin sicher geben. Sehr oft ist dieses Verhalten dazu da, um uns etwas vorzuspielen. Unehrlich zu uns selbst, unehrlich zu unserer Umwelt.
Durch konsequentes Üben wird mir der Unterschied zwischen zielgerichtetem Denken und der inneren Stille beim Nichtdenken immer bewusster. Nicht denken heißt, voll im Hier und Jetzt zu sein – aber ohne Gedanken. Sind die Gedanken ruhig, ist der Einfluss des Egos dahin.

Die Emotionen, die in Dubai so deutlich und real spürbar waren, waren nichts anderes als die Reaktion auf meine negativen Gedanken. Das kann immer wieder passieren, wenn wir beispielsweise einen traurigen Film ansehen und zu weinen beginnen – obwohl es dafür keinen wirklichen Grund gibt.

Durch das immer wiederkehrende Ablegen ungelöster Probleme im Unterbewusstsein verstummt die Seele und irgendwann spürt man nichts mehr. Und doch braucht es nur einen Trigger und alles ist wieder an der Oberfläche. Nichts anderes ist in Dubai passiert und meine erste Reaktion – verzweifelt zu erkennen, dass ich in Nashville offenbar nichts gelernt hatte – war nicht ganz verkehrt: Ich habe in Nashville nämlich nicht aufgearbeitet, sondern lediglich verdrängt.

Es gibt immer wieder Momente, in denen ich von meinem Verstand in Besitz genommen werde. Wo er es schafft, ohne mein Zutun einen Gedanken in mir aufkommen zu lassen, der dann völlig aus dem Ruder läuft.

Irgendwann wurde in den Medien die Nachfolge des ÖSV-Präsidenten thematisiert und die Namen der Kandidaten wurden bekannt. Die Information über die vom Steirischen Skiverband nominierte Kandidatin löste bei mir den Gedanken aus, aus welchem Grund ich nicht gefragt worden war. Prinzipiell fand ich die Kandidatin sogar gut, aber es ging damit weiter, dass ich darüber nachdachte, dass ich doch ohnehin machen kann, was ich will, es wäre niemals genug. Was ich für den Sport schon gegeben und geleistet habe, wird nicht wertgeschätzt, im Gegenteil, ich werde nicht einmal in Erwägung gezogen – und so weiter und so fort. Die Situation war unangenehm für mich und so projizierte ich meine Negativität auf alle möglichen Menschen, die ich dafür verantwortlich machte.

Nur wegen eines unbewussten Gedankens verfiel ich in ein negatives Denken, das sich mehr und mehr hochschaukelte. Einfacher wäre es gewesen, innezuhalten und mir die Frage zu stellen, ob ich den Job überhaupt will. In der Sekunde hätte ich erkannt, dass ich diese Arbeit nie hätte übernehmen wollen.

Situationen wie diese lassen mich verstehen, warum ich seit Jahren Spannungen in meinem Kopf habe. Auch spiegeln solche sinnlosen Gedankenanfälle meinen emotionalen Zustand wider. Es ist so etwas wie ein Aufschrei der Seele, endlich einmal hinzusehen und meinen Weg zu gehen, damit aufzuhören, mich immer wieder mit Dingen beweisen zu wollen, die gar nicht zu mir passen. Dinge nur deshalb zu machen, um das Bedürfnis der Anerkennung zu befriedigen.

Mein starkes Ego wehrte sich lange Zeit vehement gegen eine Veränderung. Aber jetzt, nachdem ich erkannt habe, »wo der Hund begraben liegt«, befreie ich mich aus dem Selbstzerstörungsmodus. Das Hinschauen macht die Sicht auf die wahren Probleme frei.

Darin liegt die Chance, alles in Ordnung zu bringen. Werte wie Geduld, Disziplin und Durchhaltevermögen begleiten meinen Veränderungsprozess.

Das zieht die Erkenntnis der Sinn- wie Aussichtslosigkeit nach sich, mich weiterhin mit unlösbaren Szenarien aus der Vergangenheit zu quälen. Was vorbei ist, muss nicht mehr bewältigt werden.

Erwartungen stören und verhindern den Veränderungsprozess. Mit Erwartungen verhält es sich so: tritt das Erwartete ein, ist es keine große Sache, wir habe es ja erwartet, tritt es nicht ein, stellen wir all unser Tun in Frage. Wir kehren zu altvertrauten Konzepten zurück, obwohl wir wissen, dass die Anwendung alter Muster nur Leid und Kummer nach sich zieht und entscheiden uns lieber dafür, im Sumpf des Altvertrauten zu bleiben.

Sich an die Intuition zu halten, ist immer richtig. Es lässt uns standhaft bleiben, auch wenn es schwer ist, sich dem Ego zu widersetzen. Weinen zum Beispiel, weil das zu Bewältigende schwer wirkte, war nie eine Option für mich. Wenn mir heute bei einem entsprechenden Anlass zum Weinen zumute ist, weine ich. Ich bin dann der, der weint und zugleich der, der mich dabei beobachtet. Diese Art der Beobachtung zu erlernen erfordert Übung und die bringt auf diese Weise das jetzt noch Unbewusste in das Licht des Bewusstseins.

Angst

Der Beginn meiner Reise war anfangs geprägt von Angst. Ich hatte Angst davor, nicht die Kraft zu haben, diese eingefahrenen Verhaltensmuster ändern zu können. Gerade bei Rückschlägen, die Veränderungsprozesse begleiten, wurde diese Angst immer wieder bestätigt.

Woher kommt das Angstgefühl, etwas nicht zu schaffen?

Reduziere ich mein Dasein auf den jetzigen Moment, stelle ich fest, dass entweder alles gut ist, oder ich spüre, was zu tun ist, damit alles wieder in Ordnung kommt. Lasse ich hingegen zu, dass sich mein Verstand in die Zukunft denkt, entstehen Situationen, vor denen ich Angst habe.

Interessanterweise gibt es in den meisten Fällen, wo wir Angst erdenken, im Moment keinerlei Anzeichen, dass gerade jetzt oder in der unmittelbaren Zukunft etwas passieren wird, wovor wir Angst haben müssten. Gelänge es mir, mein Denken abzuschalten, würde ich erkennen, dass genau in diesem Moment mein Leben gut ist.

Ein Beispiel:

Ich arbeitete fokussiert an meinem Buch und war guter Dinge. Ohne mein Zutun entstand der Gedanke, ob das Schreiben eines Buches Sinn mache, ob das jemanden interessieren würde und so weiter. Also fragte ich mich: »Wieso zerstöre ich diesen Moment mit diesem Gedanken, einen Gedanken, der glaubt, dass möglicherweise in der Zukunft etwas passieren kann, vor dem ich Angst haben sollte und von dem mein Verstand meint, ich sollte davor gewarnt sein.« Ich begann einen Dialog und stellte die Frage: »Kann ich jetzt etwas dafür tun, um das mögliche Geschehnis abzuwenden?« Der gleiche Denker, der mir den Angstgedanken in den Kopf gesetzt hatte, meinte: »Arbeite fokussiert weiter.« Dann war es still in meinem Kopf. Ich erkannte: der implantierte Gedanke hatte nichts an sich, was diese Angst begründete. Er stand in keinem Zusammenhang mit einer konkreten Gefahr. Er entstand nur durch einen unbeeinflussten Gedanken, hervorgerufen durch Erfahrungen und einem Wissen, das ich mir irgendwann angeeignet hatte.

Es entstehen Bilder von dem, was möglicherweise in der Zukunft passieren könnte. Möglicherweise, wohlgemerkt, also keinesfalls sicher! Betrachte ich die Angst im gegenwärtigen Augenblick, betrifft sie lediglich die Zukunft. Gehe ich in mich und betrachte die Gegenwart, stelle ich fest: alles ist gut. Was mich quält, hängt nur mit meinem unbeeinflussten Denken zusammen. Die Angst ist also nicht durch etwas begründet das gerade geschieht, sondern durch etwas, das möglicherweise geschehen könnte.

Diese Geisteshaltung lässt eine Blase entstehen zwischen dem Ort, wo ich gerade bin, (dem Schreiben) und einem möglichen Ereignis in der Zukunft (dass dies niemanden interessiert und der Erfolg ausbleibt. – Dabei weiß ich, dass der Erfolg dieses Buchs genau jetzt verursacht wird).

Eckhart Tolle beschreibt das sehr gut in seinem Buch Leben im Jetzt! Was es nur möglicherweise geben kann, ist nicht zu bewältigen, es ist nicht real. Deshalb füllt sich die Blase zwischen dem Ort, wo ich gerade bin, und dem zukünftigen Ereignis mit Angst. Gelingt es nicht, unser Denken zu ändern, so bleibt diese Angst unser ständiger Begleiter.

Mit dem Jetzt kommen wir immer zurecht. Stehen wir im Jetzt einer Situation gegenüber, die uns Angst macht, vertrauen wir unserer Intuition und werden in Sekundenschnelle wissen, was zu tun ist, um das Unheil abzuwenden. Können wir gerade nichts tun, respektieren wir die Umstände, halten sie aus und nehmen sie mit Anstand an. Wir hören auf, uns dem Angstdenken hinzugeben. Mit der Zukunft können wir nicht fertig werden, mit der Gegenwart hingegen schon.

Um Angst zu überwinden, kann man sich auch des Rollenspiels bedienen. Jahrelang habe ich mich verstellt, eine Rolle gespielt, um zu entsprechen.

Nicht mehr das Skifliegen am Kulm zu organisieren, rief bei mir die Angst hervor, man würde mir die Bühne wegnehmen, auf der ich jahrelang zeigen konnte, dass ich genüge. Betrachte ich es aus diesem Aspekt, zeigt sich auch mein Verhalten in Dubai in einem anderen Licht. Mein Ego hatte Angst, nichts mehr zu gelten. In seiner Wahrnehmung haben es andere Menschen verletzt. Es fürchtete, in die Bedeutungslosigkeit abzurutschen.

Mit Beginn der Arbeit, mein Verhalten zu verändern, begann sich auch mein Ego Sorgen zu machen. Es sah, dass ich erkannt habe, dass ich mehr bin als diese vom Verstand erfundene Persönlichkeit. Also ging es auf die Barrikaden. Es wollte die latente Unzufriedenheit, das Selbstmitleid, die Opferrolle und sein ständiges Recht-haben-Wollen aufrechterhalten.

Die Beobachtung meines Denkverhaltens ermöglicht es mir heute, mein Ego, wenn notwendig, in die Schranken zu weisen. Das bringt viele Vorteile. Bei Konflikten zum Beispiel suche ich das Gespräch, um Klarheit zu schaffen. Eine offene Aussprache ist besser, als sich beleidigt zurückzuziehen. Es entstand die Erkenntnis, dass es bei Konflikten nicht um Gewinnen oder Verlieren geht. Es geht darum, seine Interessen kundzutun. Dieses Wissen bringt Erdung, ich nehme mich nicht mehr so wichtig. Das Bedürfnis, recht zu behalten, wird zunehmend geringer.

Das Beenden des Rollenspiels macht es mir leichter, mich fallen zu lassen, zu sagen, was ich denke oder empfinde. Das wiederum bringt gute Energie in Diskussionen, die verbale Auseinandersetzung geschieht ohne Aggression. Ich wähle meine Worte mit Bedacht und verharre nicht mehr auf einer fixen Position. Ich reduziere meine Erwartungen und fokussiere mich auf die Qualität meines Tuns. Dabei ist die Konzentration nicht auf Perfektion gerichtet, sondern darauf, mit meinem Besten zur Verfügung zu stehen.

Die selbsterfüllende Prophezeiung ist die Folge von Angstgedanken. Sie beeinflusst die Auftretenswahrscheinlichkeit im hohem Maße. So gut wie jeder von uns kennt eine Geschichte, wo er nach einem Versagen das Gefühl hatte, schon vorher genau gewusst zu haben, dass es so kommen würde. In so einer Situation richten wir den Fokus auf das Versagen und nicht auf unser Tun. Abhilfe kann geschaffen werden, wenn wir genau im Moment des Tuns dieses Tun beseelen. Ist der Fokus auf die Aktion gerichtet, bleibt für Angst keine Zeit.

Nehmen wir uns zu wichtig, geben wir uns unseren Versagensängsten hin. Felix Gottwald gab einmal mir eine Karte, auf der stand auf einer Seite: »Ich bin ein Sandkorn«, auf der anderen Seite stand: »Ich bin der Mittelpunkt des Universums«. Wir sind ein Sandkorn, wenn wir unser Bewusstsein nach außen richten, und wir sind der Mittelpunkt des Universums, wenn wir fokussiert unter Einbeziehung aller unserer Fähigkeiten an uns arbeiten.

Sieht man die persönlichen Herausforderungen aus dem Blickwinkel einer anderen Person, stellt man fest, dass das eigene Versagen im Verhältnis zum Weltgeschehen völlig bedeutungslos ist. Mit diesem Blickwinkel sieht man das eigene »Versagen« in seiner Bedeutung relativiert.

Was ist Zeit und wozu dient sie uns?

Zeit spielt in unserem Leben eine bedeutende Rolle. Besonders dann, wenn wir Verhaltensweisen ändern wollen. Wir können es in der Regel kaum erwarten, bis unangenehme Zustände durch angenehme ersetzt werden. Wir verlassen uns dabei sehr häufig auf den altbekannten Glaubenssatz »Zeit heilt alle Wunden«. Ich habe für mich die Erkenntnis gewonnen, dass Zeit allein außer äußerlichen Wunden gar nichts heilt. Zeit ist nur Zeit und hat keinen Einfluss auf die Qualität unseres Handelns und der damit verbundenen Veränderung. Nur das Annehmen, das bewusste Hinschauen und das Tun ermöglichen Veränderung. Diese Veränderung wird in wertvollen, von uns beseelten Momenten vollzogen und fügt sich dann zu einer Einheit zusammen, die wir Zeit nennen.

Was ist Zeit? Die Frage schien mir anfangs absurd.

Zeit entsteht durch das Denken. Sie definiert den Abstand zwischen aufeinanderfolgenden Ereignissen. Wir denken einen Gedanken und brauchen Zeit, um einen weiteren zu denken. Wir kommen in unserer Vorstellung zeitlich unter Druck, wenn der Verstand etwas anderes vorhat (oder uns schon sehr viel weiter im Tun fortgeschritten sehen möchte, weil er schon den nächsten Schritt im Sinn hat) als das, was wir jetzt gerade tun.

Ich verbrachte eine wunderbare Zeit mit meinen Enkelkindern, als sich auf einmal mein Verstand meldete und mir den Gedanken implantierte, ich sollte doch besser ins Büro gehen und an meinem Buch weiterarbeiten. Er insistierte immer wieder, endlich dieses Buch fertig zu machen. Mein Gefühl sagte weiterhin, die Zeit lieber mit meinen Enkelkindern verbringen zu wollen. Durch diesen ständig nagenden Gedanken, ins Büro zu gehen, war ich zwar physisch bei den Kindern, geistig aber war ich abwesend. So kam es, dass mir die immer wiederkehrende Aufforderung des Verstandes, endlich ins Büro zu gehen, die wunderbaren Momente mit meinen Enkelkindern zerstörte.

Unser Denken ist auf dem Prinzip Zeit aufgebaut. Das ist auch der Grund, weshalb uns der Verstand nicht behilflich sein wird, wenn wir auf der Suche sind nach Antworten auf die Frage, was es mit der Zeit auf sich hat.

Eckhart Tolle fragt: »Wann werden Aufgaben erledigt, die uns in unserer Entwicklung weiterbringen? – Wann erreichen wir Ziele?« Er hat recht: nur im jetzigen Moment! Wenn ich dagegenhalte, Aufgaben könnten doch auch morgen erledigt werden, so ist der Gedanke zwar richtig, aber das dient nur der Beruhigung oder Ablenkung und gibt uns für einige Zeit ein gutes Gefühl, die unangenehmen Aufgaben auf morgen verschieben zu können. Der Gedanke, Aufgaben auf morgen zu verschieben, bringt uns aber nicht weiter. Nur eine Aufgabe nach der anderen sauber im Jetzt abzuhandeln, bringt Glück und Zufriedenheit.

Verschieben wir unsere Verpflichtungen auf morgen, haben wir nur weitere Dinge, an die wir denken müssen. Dieses Denken erschafft unnütze, leere Zeit und zerstört den Fokus auf den Moment. Meine Frau meinte einmal: »Wenn ich aber so viele Aufgaben habe, die ich jetzt nicht alle erledigen kann, dann kann ich sie wohl auf morgen verschieben, oder nicht?« Klar kann sie das. Es hilft, aber es bringt nichts. Besser ist es, sich hineinzufühlen und zu fragen, was als Erstes zu erledigen ist. Das mache ich, fokussiert und mit der Mission, mit meinem Besten zur Verfügung zu stehen – so halte ich meinen Verstand unter Kontrolle, der sich gern schon wieder den nächsten Sachen widmen möchte. Wenn wir das praktizieren, bis alle Aufgaben abgearbeitet sind, dann benötigen wir dazu zwar Zeit, aber diese Zeit besteht aus vielen gut genützten Momenten. Die Zeit, die durch die Gedanken entsteht, es morgen zu machen, raubt uns Lebensfreude, kostet Energie und wir kommen nicht vom Fleck.

Nur mit der Erledigung der nötigen Aufgaben im Jetzt bewegen wir uns stetig weiter in Richtung Ziel – beispielsweise dem Ziel, ein Verhalten oder eine Denkweise zu ändern.

Hat das Jetzt eine Zeit? Nein, denn jetzt ist jetzt. Wenn wir jetzt an morgen denken, dann entsteht zwischen dem Jetzt und dem Gedanken an morgen eine Einheit, die wir Zeit nennen. So wie das Wort Olympiade nichts mit den Olympischen Spielen zu tun hat. Olympiade ist nur die Zeiteinheit zwischen dem Ende und dem Anfang von Olympischen Spielen. Wenn ich also an meinem Schreibtisch sitze und daran denke, dass ich morgen zum Zahnarzt muss, dann erschaffe ich durch dieses Denken Zeit.

Dass Zeit, obwohl sie nur »erdacht« ist, in unserem Leben so eine zentrale Rolle spielt, geht darauf zurück, dass wir von frühester Jugend an gelernt haben, uns gedanklich in der Vergangenheit oder in der Zukunft aufzuhalten. Wir unterhalten uns über Vergangenes oder über Zukünftiges, nur selten würdigen wir das Jetzt. Wir sitzen im Auto und fahren irgendwo hin. Wir unterhalten uns über den Grund, dass wir uns an diesen Ort begeben, und wir unterhalten uns darüber, was uns dort erwartet. Nur hin und wieder bemerken wir vielleicht die wunderschöne Landschaft, die gerade jetzt an uns vorüberzieht.

Auch wenn wir glauben, vieles gleichzeitig denken zu können, werden wir bei genauerer Beobachtung des Denkens erkennen, dass zwischen den Gedanken immer Zeit benötigt wird, auch wenn es kaum wahrnehmbar ist. Gerade wenn wir sehr viele Gedanken in unserem Kopf haben, die uns auffordern, Aufgaben zu erledigen, sprechen wir davon, dass uns die Zeit fehlt. Dabei ist nur das Denken überlastet. Das Schlimme daran ist, dass diese Geisteshaltung uns von jeder Produktivität abhält. Mehr noch: dieses Keine-Zeit-Haben fährt uns leer und lässt uns ausbrennen.

Wenn wir in einem Gespräch etwas hören, beginnt der Verstand in Sekundenschnelle ohne unser aktives Zutun, das Gehörte als machbar oder unmachbar, als wahr oder falsch zu bewerten und einzustufen. Nehmen wir einmal an, ich schlage Ihnen vor, das Skispringen zu lernen. In der Sekunde wird dieser Vorschlag von Ihnen vermutlich als unmöglich eingestuft. Bereits der erste Gedanke daran lässt wahrscheinlich nahezu gleichzeitig weitere »Horrorgedanken« folgen: Wie gefährlich ist das? – Was kann ich mir dabei alles brechen?! – und so weiter und so fort. Die Aneinanderreihung solcher Gedanken führt logischerweise zur Ablehnung des Vorhabens. Mehr noch: bei der Vorstellung dieses Szenarios entsteht Angst. Nur durch die Gedanken, die Sie sich zu diesem Thema machen, haben Sie Angst vor etwas, von dem Sie im Grunde keine Ahnung haben (die geübten Skispringerinnen – Daniela, Jacqueline und Sara Marita – und Skispringer wie Toni, Armin, Vektl, Goldi und Gregor ziehen bitte das Beispiel einer Tätigkeit heran, von der auch sie keine Ahnung haben)! Allein die Vorstellung, eine Skisprungschanze hinunterfahren zu müssen, reicht für Sie als Nicht-Skispringer vermutlich aus, alles abzulehnen. Sie vergeuden wertvolle Momente, weil Ihr Angstdenken Zeit in Anspruch nimmt.

Wie wir aber wissen, gibt es Menschen, die uns zeigen, dass es ohne Probleme möglich ist, mit 100 km/h eine Schanze hinunterzufahren, abzuspringen, 250 Meter durch die Luft zu fliegen und wieder sicher zu landen. Sie können dies deshalb, weil sie nie in die Lage gekommen sind, sich etwas vorzustellen, was sie nicht bewältigen könnten. Denn sie haben mit kleinen Schritten begonnen, die nötigen Voraussetzungen dafür zu schaffen. Sie haben keine Zeit verschwendet, um sich mit der Unmöglichkeit der Ausübung dieses Sports auseinanderzusetzen. Für sehr viele von ihnen war es sogar die Erfüllung eines Traums. Um Skispringen zu erlernen, war es für sie nur notwendig, zigtausend Momente bewussten Tuns aneinanderzureihen. Alles begann mit der kleinsten bewältigbaren Einheit – beim Skispringen ist es das Erlernen des Skifahrens. Durch die Wiederholungen der im Trainingsplan festgehaltenen Übungen wurde Moment für Moment die Technik pragmatisch erlernt und in weiterer Folge automatisiert. Nur selten geben sich diese Menschen in der Lernphase den Gedanken hin, wie es wäre, wenn sie auf einer Skiflugschanze fliegen würden. Würden sie das tun, so würde ihnen das passieren, was mir passiert ist:

Beim Skiflug Event am Kulm 1975 war ich Skiträger. Ich kann mich heute noch genau erinnern, wie gern ich damals schon gesprungen bin. Als ich jedoch am Anlauf der Skiflugschanze stand, dachte ich: Ja, ich liebe Skispringen, aber NIE werde ich den Kulm hinunterfahren! Mein Verstand begann, all die schrecklichen Szenarien durchzudenken, was wäre, wenn ich jetzt da hinunterfahren müsste. Das ging so lange, bis ich die Flut an Angstgedanken nicht mehr bewältigen konnte. Daraus wurde die klare Erkenntnis, Skispringen zu lieben, aber NIE am Kulm zu fliegen. Ich verwendete wertvolle Momente meines Lebens dafür, vor etwas Angst zu haben, das, wenn überhaupt, nur möglicherweise geschehen würde. Es gelang mir, die Angstgedanken auszuschalten und ich arbeitete nach dieser Erfahrung konsequent weiter an meiner Skisprungkarriere und verfeinerte meine Skisprungtechnik. Zweieinhalb Jahre später saß ich am Bakken der Skiflugschanze am Kulm und meisterte meinen ersten Flug. Hätte ich mich dem Gedanken – Ja, ich liebe Skispringen, aber NIE werde ich den Kulm hinunterfahren! – weiter hingegeben, so hätte ich wahrscheinlich aufgehört mit dem Skispringen und so viele wunderbare Momente in diesem Sport nie erlebt.

Denken erfordert Zeit und verhindert, dass wir handeln. Die Verzögerung hilft zwar manchmal gefühlt, bringt aber nichts. Nur konsequentes und fokussiertes Handeln macht es möglich, ohne belastende Angstgedanken Sicherheit durch Automatisierung zu erlangen. Folgen wir dem Weg, der den Fokus auf den jetzigen Moment mit seiner Aufgabe richtet, dann wird es keine Spur von Angst oder einen Gedanken geben, es nicht zu schaffen. Weil für diese Geisteshaltung keine Zeit vorhanden ist. Das Denken ist still, wenn wir uns auf den Moment fokussieren. Wir nützen unseren Verstand, wenn es erforderlich ist. Er arbeitet auf unsere Anweisung. Das ist insbesondere dann beruhigend, wenn der Verstand meint, er müsse an unserem Können zweifeln. Da hilft die Vielzahl an beseelten Momenten, wo wir wiederholen und an der Automatisierung arbeiten und so die Angst neutralisieren. Durch unseren Fokus auf die gerade vor uns liegende Aufgabe entsteht Selbstvertrauen.

Dieses Selbstvertrauen gibt uns Sicherheit und fördert die Anwendung der Intuition. Dieses Vertrauen in die eigene Kraft ermöglicht es dem Skiflieger, die Technik ohne Einsatz des Verstandes fern von Angst und ohne gedanklichen Einfluss auszuführen.

Würde der Skiflieger bei der Ausführung des Sprunges den Verstand benützen, hätte das auf seine Leistung fatale Folgen. Er fährt mit 100 km/h auf eine Absprungkante zu, dabei legt er pro Sekunde ca. 27,7 Meter zurück. Wenn man also »21!« oder »jetzt!« sagt, hat man 27,7 Meter zurückgelegt und den Absprung versäumt. Wir können den Verstand für die kleinste zu erlernende Einheit einsetzen, die er gedanklich zu erfassen imstande ist. Alles andere übersteigt seine Kapazität und zwingt uns zur Angst oder zum Aufgeben.

Bleiben wir im Angstdenken gefangen, gewähren wir dem Verstand zu viel Macht. Wollen wir in unserem Leben etwas ändern, so ist mit der kleinsten Einheit zu beginnen und so lange zu üben, bis das automatisiert ist. Rückschläge sind dabei kein Drama, sie motivieren uns, unsere Konzentration beim nächsten Mal noch fokussierter auf die Aufgabe zu richten. So wird die gewünschte Veränderung herbeigeführt.

Durch die Automation legen wir geistige Kapazität frei, das ermöglicht es, die nächste Aufgabe anzugehen. So bearbeiten wir Aufgabe für Aufgabe, bis sie alle erledigt sind. Der Einsatz der Denkkraft, die wir für Veränderung aufwenden müssen, ist die Messeinheit, die uns sagt, wie weit wir schon gekommen sind. All die kleinen Übungsteile ergeben das große Ganze.

Um Angst auszuschalten, müssen wir uns die Frage beantworten: »Was können wir genau jetzt tun, damit die Angst verschwindet?« Binden wir unser Denken daran, unser Bestes zu geben, bleibt für den Verstand keine Kapazität übrig, um Angstgedanken zu erzeugen und somit Zeit zu erschaffen.

Nur wenn wir Zeit aufwenden, können wir an die Zukunft oder an die Vergangenheit denken. Wenn wir das tun, machen wir den Moment, wo alles entsteht, zunichte.

Wer in seinem Leben etwas bewegen und Ziele erreichen will, muss handeln und dabei immer mit seiner Großartigkeit zur Verfügung stehen. Die Einbeziehung der Sinne und unserer tiefen Begeisterung lässt Erfolg entstehen und sorgt für persönliches Wachstum. Für den Verstand bleibt keine Zeit, unnütze Erwartungen zu schüren oder Frust und Angst in unser Denken zu implantieren. Sich die Zukunft gut oder schlecht auszumalen ist nicht nur Zeitverschwendung, sondern sollte ab jetzt der der Vergangenheit angehören.

Ich frage mich andauernd, warum es so herausfordernd ist, mit seinem Denken im Jetzt zu bleiben, mich ausschließlich auf die vor mir liegende Sache zu konzentrieren, ohne dass der Verstand Gedanken an die Zukunft oder Vergangenheit verschwendet.

In meinem Fall ist das in der Tatsache begründet, dass ich meine Wertigkeit hauptsächlich aus der Vergangenheit oder der gut erdachten Zukunft bezog. Aus dem was ich gemacht habe, oder was ich machen werde. Dieses Denken wird noch dadurch verstärkt, dass die Unzufriedenheit mit der Vergangenheit den Verstand glauben lässt, dass in der Zukunft die Lösung liegt. Handeln und es besser machen kann ich aber nur im Jetzt. Tun wir das, nun, was glauben Sie, wie die Zukunft dann aussieht? Nur zu denken, dass sie besser wird, ist ein Hirngespinst und Zeitverschwendung.

Burn-out oder der Verlust der Lebensfreude sind häufig das Resultat so einer Haltung. Vor meinem Burn-out konnte ich durch dieses unselbstständige Denken mein Dasein nicht mehr richtig einordnen. Die Gedanken kreisten um die negativen Erlebnisse in der Vergangenheit, die Lösung glaubte ich in der Zukunft durch Flucht an einen anderen Ort zu finden. Das unkontrollierte negative Denken hat mir die Aufmerksamkeit auf den Moment genommen, wo ich alles hätte regeln können.

Stellen wir uns die Frage, ob wir jemals außerhalb des Jetzt etwas erfahren, tun, denken oder fühlen können. Die Antwort wird immer Nein sein. Alles was wir erleben, erleben wir im Jetzt. Alles was wir gestalten, gestalten wir im Jetzt. Gedanken über das, was wir gestalten werden, ohne etwas im Jetzt zu tun, nennt man Fiktionen.

Weil mein Verstand so viele Erfahrungen gespeichert hat, beeinflusste er mit zunehmendem Alter mehr und mehr mein Verhalten. Je mehr ich über den richtigen Weg des Lebens gelernt hatte, desto mehr bin ich davon abgekommen. Durch mein Denken, durch das Vergleichen und Bewerten, durch das Einbringen dieser gemachten Erfahrungen, habe ich den Mut verloren, Dinge einfach zu machen. Das Ego war immer überzeugt, dass Misserfolg mir schaden könnte. Dabei weiß ich schon sehr lange, dass der Misserfolg der Steigbügelhalter für Erfolg ist. Er schärft die Sinne und motiviert, neue Wege zu erkunden. Wenn der Misserfolg oder der Fehler jemandem schadet, dann nur dem selbsterschaffenen Ego, das so gerne glänzt, aber im Grunde nichts dafür tun will, schon gar kein Risiko eingehen. Weil das Ego so auf die Außenwahrnehmung fixiert ist, lässt es uns viele Dinge erst gar nicht versuchen. Das bedeutet Gefangenschaft in einem ewigen Kreislauf verbunden mit einer latenten Unzufriedenheit.
Mein persönlicher Frust ist Produkt meines verletzten Egos. Ich steigerte mich in vergangene Erlebnisse hinein, machte sie zu meiner Realität. Fix ist auch, dass der Verstand bei der Lösung keine große Hilfe war, denn er wollte keinesfalls die belastenden Gedanken aufgeben, sie bewahrten schließlich seine Eigenständigkeit.

Nur durch das Neutralisieren der Gedanken und durch Beobachtung ohne Wertung können sich die negativen Begleiterscheinungen auflösen.

Die Übungen, in denen ich durch Beobachtung mein Bewusstsein nach innen richte, tragen viel dazu bei, dass sich mein Leben beseelter und wertvoller anfühlt. Jeden Tag spüre ich ein bisschen mehr das Glück, von dem ich glaubte, es verloren zu haben. Ich habe aufgehört, einen großen Teil meiner Zeit damit zu verbringen, mit der Vergangenheit zu hadern. Das schärft meine Wahrnehmung, und ich setze mein Wissen gezielter ein. Ich sehe die Welt heller, höre die Vögel pfeifen, nehme meine Umwelt bewusster wahr.

Mit der Würdigung des jetzigen Augenblicks docke ich immer mehr an diese gewaltige Quelle von Energie an, die mich umgibt und alles verbindet. Mit Disziplin und Motivation führe ich meine täglichen Übungen fort, um meine Aufmerksamkeit von der Vergangenheit und der Zukunft abzuziehen.

Mein ungeduldiges Ego und mein Leben im Konjunktiv

Lange strebte ich danach, besonders zu sein. Durch mein Tun wollte ich die Aufmerksamkeit anderer Menschen auf mich ziehen. Die Erfüllung und die damit verbundene Steigerung meines Selbstwertgefühls lag darin, so viel wie möglich zu leisten, um zu glänzen.

Entsprachen die Leistungen nicht, verlor ich die Gunst der Menschen, entstand das Gegenteil von dem, wonach ich strebte. Enttäuschung blieb – verbunden mit dem Glauben, mein Tun sei ohne Bedeutung. Das Selbstwertgefühl ging in den Boden.

Die aus diesem Kreislauf entstandene Negativität hinderte mich, meinen wahren Platz zu finden, von dem aus ich wachsen konnte. Zusätzlich war der Blick auf meine bereits jetzt bestehende Großartigkeit getrübt, ließ mich die vorhandene Fülle meines Daseins nicht erkennen. Meinem Leben war so das Staunen, das Pulsierende abhandengekommen. Es wurde ersetzt durch denken, denken, denken, denken.
Das Denken gab mir Identität, aber nahm mir gleichzeitig den Blick auf das Schöne und Gute am Leben. Die endlosen Wiederholungen von Verhaltens- und Wunschmustern hielten mich gefangen.

Die Flucht vor der unbefriedigenden Gegenwart verbunden mit der Frage »Was könnte ich tun, um noch Größeres zu leisten?«, war eine logische Folge. Durch die Überforderung des Denkens gab es kein Entfliehen aus diesem Teufelskreis.

Deprimiert verdrängen – dann wieder Spitzenleistung – Flucht in die Opferrolle – wieder verdrängen – es wieder allen zeigen, wie sehr sie sich in mir täuschen. 40 Jahre war das mein Lebenskonzept. Ich musste mein Ego davon überzeugen, dass dieses Verhalten geändert werden muss. Das dauerte einige Zeit, und als es dann so weit war und das Ego mitspielte, wollte es die Verhaltensänderung sofort. Mit Ungeduld bin ich an die Sache rangegangen. Diese Ungeduld verbunden mit Erwartungen zwangen mich oft dazu, wieder von vorn zu beginnen. Nicht nur das, die Ungeduld machte es meinem Verstand leicht, den Prozess massiv in Frage zu stellen. »Was soll denn das, es wird sich sowieso nichts ändern ...«, waren seine Argumente auf mein »Versagen«.

Hier sieht man, wie wichtig es ist, das Instrument Verstand für unsere Zwecke zu gewinnen. Mithilfe von Aufmerksamkeit und dem bewertungsfreien Beobachten der Gedanken gelang es mir, den Verstand zu kontrollieren und ihn zur Mitarbeit zu bewegen.

Sind Ereignisse der Vergangenheit schlecht, bringt uns das Denken in einen depressiven Zustand. Das Ego hat keine Lösungen parat, also bleibt nur das Verdrängen in das Unterbewusstsein. Dort wo bereits andere unerwünschte Erfahrungen abgelegt wurden. Unter dieser Last wird der seelische Druck größer. Es entsteht ein latentes negatives Hintergrundrauschen. Mit dem leben wir dann, wir wollen nicht hinsehen oder können es gar nicht. Wir nehmen in Kauf, dass es uns halt nicht so gut geht.

Unerwartet passiert es immer wieder, oftmals ausgelöst durch bedeutungslose Ereignisse, dass diese unangenehmen Erfahrungen in Sekundenschnelle an die Oberfläche kommen. Alle mit diesen Erlebnissen einhergehenden belastenden Erfahrungen sind so spürbar und existent, als würde die Verletzung aufs Neue geschehen. Wir bedienen uns altbekannter Verhaltensmuster, alter Strategien, um das bewältigen zu können. Wir stellen uns dem Problem nicht, sondern wir verdrängen es erneut.

Zusätzlich richten wir unser Denken in die Zukunft und sind davon überzeugt, dass dort die Lösung liegen wird. Diese Bindung der Gedanken an die Zukunft führt zur Missachtung des jetzigen Moments, jener Zeiteinheit, in der es eine Antwort und den Lösungsansatz gibt. Ich habe damit aufgehört und bin überrascht, wie bunt sich die Welt heute präsentiert.

Was meinen Sie? Was passiert, wenn wir uns den positiven Vorstellungen von der Zukunft hingeben, ohne jetzt Schritte dafür zu setzen? Was würde passieren, wenn sich ein Athlet die Siege nur vorstellt, ohne dafür zu trainieren? – Wir würden nur in unseren Gedanken gefangen bleiben!

Unser Fundament

Grundbedürfnisse

Um meine persönliche Entwicklung voranzutreiben war es nötig, die Baustellen meines Lebens zu begutachten. Mich zu fragen, was meine Bedürfnisse sind und wie ich diese stillen kann. Wenn unsere Grundbedürfnisse befriedigt sind, beflügelt das unser Leben.

Es gibt verschiedene Grundbedürfnisse. Abraham Maslow hat mit seinen Forschungen den Grundstein für seine Bedürfnishierarchie geschaffen. Er unterscheidet zwischen Grund- und Existenzbedürfnissen (Wasser, Nahrung, Schlaf), Sicherheitsbedürfnissen (körperliche und seelische Sicherheit, Arbeit, Wohnung, Gesundheit), Sozialbedürfnissen (Familie, Freundschaft, Zugehörigkeit), Individualbedürfnissen (Erfolg, Unabhängigkeit, Freiheit, Ansehen, Prestige, Achtung, Wichtigkeit, also passiven Komponenten unserer Selbstachtung, die nur von anderen erfüllt werden können) sowie Selbstverwirklichung. Wir fühlen uns wohl, wenn wir alles haben. Fehlt uns etwas, fühlen wir uns unwohl.

Bindung

Ein Hauptbedürfnis von uns Menschen ist die Bindung zu anderen und die damit verbundene Anerkennung innerhalb dieses Verbundes. Bindung ist eines unserer wichtigsten Grundbedürfnisse. Ohne den körperlichen Kontakt zur Mutter wäre das Überleben schwer möglich. Auch im Jugend- und Erwachsenalter ist der Wunsch nach Bindung und Zugehörigkeit für das seelische Wohlbefinden wichtig.
Bei mir wurde das Bedürfnis nach Bindung ab dem Alter von zehn Jahren gestört. Im Internat in Bad Goisern habe ich mich von dem Bedürfnis der Bindung verabschieden müssen.
Meine Eltern hatten immer das Beste für mich im Sinn. Sie wollten dafür Sorge tragen, dass ich es einmal besser habe. Aus diesem Grund haben sie mich mit zehn Jahren in das Internat gegeben. Bis zu jenem Zeitpunkt

war ich in eine liebevolle, wunderbare Welt eingebettet gewesen. Plötzlich war alles anders. Von heute auf morgen bestimmten fremde Personen über meinen Tagesablauf und mein Leben. Ich musste mit acht Buben in einem Zimmer schlafen und wurde bei Nichtbefolgen von Anweisungen von fremden Menschen zurechtgewiesen. Dazu kam das Heimweh, das durch das Wissen verstärkt wurde, nicht nach Hause fahren zu dürfen. All das machte mir zu schaffen.

Anfangs weinte ich, was dazu führte, gehänselt zu werden. Das kränkte mich und ich änderte mein Verhalten. Tagsüber raufte ich, war aufsässig, und nachts gab ich mich dem Heimweh hin. In diesen einsamen Momenten unter meiner Decke entstand der fixe Glaube, dass ich die Liebe meiner Eltern verloren hatte. In meiner Wahrnehmung war es so, dass sie mit mir nichts mehr zu tun haben wollten und mich deshalb ins Internat geschickt hatten. Diese kindliche Interpretation wurde durch den Umstand verstärkt, dass genau zu dieser Zeit meine Schwester Eva auf die Welt kam.
Das war für mich der Beweis, dass ich »ausgedient« hatte. Ab diesem Moment war Schwäche vermeiden und zu beweisen, dass ich genüge, mein vorrangiges Ziel. Zu dieser Zeit entstanden viele meiner negativen Glaubenssätze. Vor allem aber wurde das Grundbedürfnis der Bindung massiv gestört und so mein späteres Bindungsverhalten geschädigt.

Auf meine persönliche Entwicklung hatte dies gravierende Auswirkungen. Im Positiven wie im Negativen. Das macht es verständlich, warum ich in der Vergangenheit viel lieber allein war, warum ich vorwiegend pragmatische und nicht tief herzliche Beziehungen zu meinen Lieben herstellte. Es erklärt auch, warum ich mich in einer Gesellschaft schwer zurechtgefunden habe.

Ein Teil der österreichischen Nationalmannschaft zu sein und für unser Land anzutreten, fühlte sich gut an. Es war herrlich, »dazuzugehören« und die Siege mit anderen zu teilen. Es ist etwas Besonderes, Freunde zu haben, mit denen man sich austauschen oder einfach gemeinsamen Interessen nachgehen kann.

Wahrscheinlich hätte ich ohne diese Erfahrungen im Sport oder generell im Leben nie so viel Erfolg gehabt. Ich lernte durchzuhalten, keine Schwäche zu zeigen und Aufgeben gab es seit diesem Zeitpunkt auch nicht mehr. Auf der anderen Seite habe ich es verlernt, mich auf Menschen einzulassen, wollte keine Bindung zu anderen Menschen, weil ich Angst hatte, wieder verletzt zu werden.

Sobald mir jemand die Freundschaft kündigte oder ich auch nur das Gefühl hatte, jemand zieht sich zurück oder will nichts von mir wissen, lief bei mir automatisch dieses in früher Kindheit und Jugend erlernte Programm ab: Ich zog mich zurück, wartete voller Selbstmitleid und Zorn, bis ich die schmerzhafte Erfahrung erfolgreich verdrängt hatte, um dann wieder durchzustarten. Das führte dazu, dass ich mich auch lange nach der Internatszeit nur sehr selten mit Freunden getroffen habe. Ich hatte vergleichweise wenig Erinnerungen an Erlebnisse mit Freunden.

Für einen Außenstehenden klingt das vermutlich absurd, aber manchen von Ihnen ist dieses Verhalten vielleicht nicht ganz unbekannt. Selbst als Erwachsener lief bei mir dieses Programm lange Zeit automatisch ab – wäre mir dies bewusst gewesen, hätte ich auf unterschiedliche Situationen in meinem Leben angemessener und erwachsener reagieren können.

Bei Konflikten zog ich vorzeitig die Reißleine, um nicht wieder die »Liebe« anderer zu verlieren. Lieber verletzte ich mich selbst, als dass es andere tun und flüchtete vor der realen Welt: im Internat unter meine Bettdecke, später ging es nach Nashville oder Dubai. An diesen Orten verdrängte ich den Schmerz, tankte Kraft, um dann zurückzukehren und nach dem gleichen Muster weiterzumachen. Mein Verhalten war darauf ausgerichtet, den im Internat erfahrenen Schmerz nie wieder erleben zu müssen.
In der Zeit in Bad Goisern ist bei mir der uns allen innewohnende Wunsch nach Eigenständigkeit und Kontrolle massiv unterdrückt worden. Das erklärt auch, weshalb mein Wunsch nach Kontrolle und Macht sehr stark ausgeprägt war. Ich war ständig bemüht, die Oberhand zu behalten. Egal, ob in

einem Gespräch, in meinem Beruf oder in meiner Beziehung. Das nährte unbewusst meine Bindungsangst, weil ich Liebe und Nähe mit Ausgeliefert-Sein verknüpfte. So konnte ich mich auch in meinem Berufsleben nur schwer auf feste Bindungen einlassen.
Dietrich Mateschitz hatte mir 1997 eine interessante Aufgabe angeboten. Ich habe sie nicht angenommen und erst sehr viel später meine eigenen Gründe für dieses Verhalten verstehen können: ich wollte mich nicht binden.

Intensive Gespräche mit meinem Coach änderten den Blickwinkel. Ich hörte auf, die Situation weiterhin als Kind zu beurteilen und erkannte, dass ich heute erwachsen bin. Gerhard, mein Coach, legte mir nahe, über dieses Thema mit meiner Mutter zu sprechen, die ich auch mitverantwortlich machte für meine missliche Lage.

Meine Mutter und ich unterhielten uns also über meine kindliche Interpretation der damaligen Situation. Sie war erschrocken und versicherte mir, dass sie und mein Vater nur mein Bestes gewollt hatten und mich keinesfalls abschieben und schon gar nicht gegen meine Schwester austauschen wollten. Ihre Absicht war es gewesen, meine Ambitionen zu fördern, Skispringer zu werden. Die Internatsschule hatte damals bereits acht Turnstunden pro Woche und bot somit ideale Voraussetzungen.

Für meine Mutter war es jedesmal eine genauso emotionale Herausforderung gewesen, mich beim Abschied weinen zu sehen. Um mir ein gutes Leben zu ermöglichen, hatten meine Eltern neben den gefühlsmäßigen Herausforderungen auch wirtschaftliche Entbehrungen auf sich genommen, und nach dem Gespräch verstand ich, dass sie es gut gemeint hatten. Es wurde das bestätigt, was ich aus dem Blickwinkel des Erwachsenen bereits wusste: die Liebe meiner Eltern war nie weg gewesen.
Dieses Gespräch änderte vieles ich konnte meinen Blickwinkel verändern und loslassen. Entgegen meiner Überzeugung, die Liebe meiner Eltern verloren zu haben, stellte ich fest, dass sie zu keinem Zeitpunkt weg gewesen war.

Diese Erkenntnis ließ das Kind in mir ruhig werden. Ich verspürte Dankbarkeit meinen Eltern gegenüber, dass sie mir diese Ausbildung ermöglicht hatten. Ich hatte die Möglichkeit Dinge zu erleben, die ohne ihre Großzügigkeit und Standfestigkeit nie möglich gewesen wären.

Anerkennung

Wussten Sie, dass Anerkennung ein Grundbedürfnis ist? Mir war das nicht klar! Diese Unwissenheit führte bei mir dazu, dieses Bedürfnis hintanzustellen, denn zu oft ist bei mir mit der Abhängigkeit von Anerkennung Enttäuschung einhergegangen, und ich wollte mich von dem Drang befreien, »es anderen zu zeigen«, um anerkannt zu werden.

Auf der anderen Seite konnte ich aber nicht anders, weil, wie ich jetzt weiß, Anerkennung ein Grundbedürfnis ist und ich dieses Streben nach Anerkennung als Ersatz für die verloren geglaubte Liebe meiner Eltern einsetzte. Diese Erkenntnis veränderte meinen Zugang dazu.

Die Anerkennung steht in einem besonderen Verhältnis zum Bedürfnis der Bindung, das bei mir in frühen Jahren gestört wurde: werden wir von einer Person nicht anerkannt, können wir auch keine Bindung mit ihr eingehen. Das Bindungsbedürfnis ist vergleichbar mit dem Bedürfnis nach Liebe, darum ist es existenziell.

Warum streben wir nach Anerkennung? Bereits als Kleinkind lernen wir am Verhalten unserer Eltern abzulesen, ob wir willkommen sind und geliebt werden. Als blickten wir in einen Spiegel, der uns signalisiert: du bist okay! Ein Lächeln bewirkt beim Kind die intuitive Wahrnehmung, dass es uns sehr freut, dass es da ist. Das entwickelt und fördert das Selbstwertgefühl des Kindes.

Weisen wir es zurecht, weil es zum Beispiel schreit, bewirkt das das Gegenteil. Wenn wir nun glauben, ein Baby nimmt das nicht wahr, dann täuschen wir uns.

Es mag sein, dass es auf der Verstandesebene nicht in der Lage ist, Situationen einzuordnen oder zu beurteilen. Aber auf der unterbewussten, seelischen Ebene ist ein Baby genauso weit entwickelt wie wir alle das sind. Wir nehmen alles wahr, wir speichern Situationen und werden früher oder später diesem Einfluss entsprechend handeln. Deshalb sprechen wir von einem Oberbewusstsein und Unterbewusstsein.

Diese Tatsache erklärt das Bedürfnis, dass wir im Erwachsenenalter nach Anerkennung von außen suchen, weil wir es gelernt haben, das Spiegelbild unseres Umfeldes als Parameter dafür wahrzunehmen, ob wir geliebt oder abgelehnt werden.

Wie gut unser Selbstwertgefühl ausgeprägt ist, lässt sich daran bemessen, in welchem Ausmaß wir den Zuspruch von unseren Mitmenschen brauchen. Diese Abhängigkeit resultiert in seiner jeweiligen Stärke daraus, wie sehr uns Glaubenssätze aus unserer Kindheit beeinflussen.

Durch diese Erkenntnis ist für mich klar geworden, dass die im Internat entstanden Glaubenssätze mein Selbstwertgefühl gestört haben und ich somit in einem überdimensionalen Ausmaß den Zuspruch der Menschen von außen brauchte. Schuld daran war die kindliche Interpretation der Ereignisse eben dort, wo ich Zurückweisung mit »nicht zu genügen« verwechselte oder nicht nach Hause fahren zu dürfen als Entzug der Liebe einstufte.

Heute sehe ich das anders und bin dankbar, wenn mir Anerkennung entgegengebracht wird, aber es verringert in keiner Art und Weise mehr mein Selbstwertgefühl, wenn Anerkennung ausbleibt.

Durch die intensive Auseinandersetzung mit meinem Leben auf unterschiedlichen Ebenen konnte ich meinen Selbstwert steigern. Ich bin, wie man so schön sagt, »in die Kraft gekommen«, und dabei spielt es für mich kaum eine Rolle mehr, was andere von mir halten. Es dauert einfach, bis alte Verhaltensweisen durch neue ersetzt worden sind.

Autonomie

Ganz massiv wurde in der Schule in Bad Goisern mein Grundbedürfnis der Autonomie geschädigt. Schon im Babyalter haben wir alle den instinktiven Drang nach Erkundung, nach eigenständigem Handeln. Wir fühlen uns gut, wenn wir etwas zustande bringen und eigenständig Aufgaben erledigen können. Wenn ich meine Enkelkinder beobachte, sehe ich, wie sie alles »selbst« machen wollen. Das Streben nach Autonomie ist ein Grundbedürfnis von uns Menschen. Autonomie bedeutet Sicherheit. Wollen wir autonom sein, müssen wir darauf Einfluss nehmen. Wir machen das mit der Sprache und durch unsere Taten.

Durch die engen Grenzen im Internat war Autonomieentwicklung nahezu unmöglich. Die Einschränkungen dort hatten immer wiederkehrende Begrenzungen in meinem weiteren Leben als Folge. Ich fühlte mich klein, glaubte nicht zu entsprechen und das Erreichte nicht verdient zu haben.

So verstehe ich ein wenig, dass selbst bei meinen größten sportlichen Erfolgen die Angst da war, nicht zu entsprechen. Eine »Bestätigung« dieser Annahme rief mein Verstand hervor, indem er mich daran erinnerte, schließlich »nur Zweiter« bei den Olympischen Spielen geworden zu sein, oder dass es dem ORF bei einem Sport-Jahresrückblick keine Minute wert war, die »World Sports Awards« zu erwähnen, oder dass die Arbeit für den ÖSV nach 25 Jahren von vertrauten Menschen abgehandelt wurde, als wäre ich nie dort tätig gewesen.

Aber: wie viele Menschen auf der Welt haben eine Olympische Medaille? Wie viele Menschen haben ein Weltsportereignis ins Leben gerufen, das es vorher noch nicht gegeben hatte? Wie viele Menschen haben dem Skisprungsport mit ihren Inputs und Ideen die Wandlung zum weltweiten Großevent ermöglicht?

Dieses Wissen um meine Glaubenssätze macht es möglich, nun alles zu justieren und in Ordnung zu bringen. Ich fühle eine Erleichterung.

Lustgewinn und Unlustvermeidung

Sind unsere Grundbedürfnisse gestört oder haben wir sie verdrängt, so kommt es vor, dass wir uns der Ablenkung bedienen. Mit Sport, Fernsehen oder Essen usw. Ablenkung wird als Ersatz genommen, um Verdrängtes nicht spüren zu müssen. Kommt diese Art der Lustbefriedigung als Ersatz zum Einsatz, ist das zu hinterfragen.

Neutral gesehen ist die Lustbefriedigung ein Grundbedürfnis von uns Menschen. Lustbefriedigung kann auf unterschiedliche Weise geschehen. Lust und Unlust beeinflussen die Motivation, etwas zu tun oder eben nicht zu tun. Die Lustbefriedigung ist ein Bestandteil unseres Motivationssystems und steht eng mit unseren Emotionen in Verbindung.

Verständlicherweise ist der Fokus bei den meisten Menschen auf Lustgewinn gerichtet – wer sehnt sich schon nach Unlust? Wir tun gut daran, unsere Gefühle in Bezug auf Lust/Unlust zu steuern und Regeln zu unterwerfen.

Wollen wir etwas und bekommen es nicht, erzeugt das Frust. Müssen wir Aufgaben erledigen, die uns keinen Spaß machen, erzeugt das Frust. Diesen Frust sollten wir genau beobachten.

Mit dem Hinsehen erkennen wir die Ursache, woher der Frust kommt. Je besser die Neutralisierung gelingt, um so deutlicher erkennen wir die Seite, die uns Lustgewinn bringt. Mit dem beurteilungsfreien Aushalten des Frustes bleiben wir in unserer Mitte. Bewältigen wir Unlustgefühle, werden Lustgefühle gefördert. Denken Sie an das gute Gefühl nach erledigter Arbeit.

Bereitet man zum Beispiel eine Veranstaltung vor, gibt es eine Menge Situationen, die Unlust hervorrufen können: herausfordernde Gespräche, Geplantes läuft nicht nach Wunsch und so weiter. Um Unlust erst gar nicht aufkommen zu lassen hilft es, der Sache mit Disziplin zu begegnen. Die Arbeit als spirituelle Herausforderung zu sehen. Um Mühsames nicht noch mühsamer zu machen, sollten wir unser Denken auf unsere Seite bringen.

Sind unangenehme Aufgaben erledigt, empfinden wir Zufriedenheit. Das motiviert uns, weiter am Ball zu bleiben. Weichen wir den unlustigen Sachen aus oder verstärken wir sie durch unser negatives Denken, entsteht Mangel.

Mein Drang zum Perfektionismus und die Definierung meiner Persönlichkeit durch Leistung haben mich über einen langen Zeitraum nahezu genussbefreit durchs Leben gehen lassen. Es gab die Arbeit, nie aber eine Belohnung. Weil ich von der Anerkennung abhängig war, war ich zum Weitermachen gezwungen. Heute besteht mein Streben darin, die Balance zwischen Lust und Unlust zu finden.

Die Suche nach Glaubenssätzen

Ich entschloss mich damals, mit einem Systemcoach zusammenzuarbeiten.

Anfangs waren diese Treffen nicht von Erfolg gekrönt, mein Ego wehrte sich vehement dagegen. Es stempelte diese Treffen als Blödsinn ab, mehr noch: als Zeitverschwendung. Ich (besser gesagt mein Ego) war nicht willens herauszufinden, welche Glaubenssätze mein Verhalten seit Jahrzehnten beeinflussten. Mein Coach meinte, solange ich in meinem Ego gefangen sei, wäre es besser zu warten. Mein Ego war augenblicklich einverstanden und bereit, aufzuhören und im gleichen Sumpf weiterzumachen.

Es war aber keine Option, mit der Suche aufzuhören, und so änderte ich meine Einstellung diesen Treffen gegenüber. Die Sitzungen nahmen Fahrt auf. Ich lernte, dass sich als Kind erlebte Erfahrungen fest in unser Unterbewusstsein einprägen und zu Glaubenssätzen werden.

Niemand anders trug die Verantwortung für mein Verhalten, weil es damals nur die Vorstellungen von mir waren, die durch eine subjektive Interpretation des Erlebten ein bestimmtes Verhalten ausprägten. Das war eine wertvolle Erkenntnis! Als ich wusste, dass kein anderer an meinem Verhalten Schuld hatte, war es mir möglich loszulassen. Ab diesem Zeitpunkt bestand keine Notwendigkeit mehr, an diesen Gedankenmustern festzuhalten und ich begann, sie zu bearbeiten.

Eltern oder andere Personen haben diese Glaubenssätze nicht entstehen lassen, sie sind nur Auslöser gewesen. Wir haben die Glaubenssätze selbst erdacht.

Die Sitzungen brachten ans Tageslicht – auch wenn es aufs Erste absurd klingt –, dass Personen, die mir Schlimmes angetan und so offensichtlich geschadet haben, aus deren Sicht nur ihr Bestes gegeben hatten. Anders gesagt: sie haben das gegeben, was sie in der Lage waren zu geben. Durch meine subjektive Wahrnehmung in Verbindung mit dem unbeeinflussten Denken wurde aus diesen Ereignissen etwas Schlechtes. Es ist also sinnlos, die Schuld bei anderen zu suchen. Wir selbst dürfen unsere Glaubenssätze erkennen, um sie dann aufzulösen.

Über weite Teile meines Erwachsenendaseins nützte ich die erlernten kindlichen Verhaltensweisen. Das manifestierte sich auf unterschiedliche Weise. Um meine Überzeugung zu kompensieren, zu wenig anerkennende Aufmerksamkeit zu bekommen, tat ich alles, um Beachtung zu erhalten. So entstand die Charaktereigenschaft, immer der Beste sein zu wollen. Das hatte in meinem Fall herausfordernde Situationen zur Folge und ging bis zum Burn-out. Aber es gelangen mir Dinge, die ich mir nicht im Traum hätte vorstellen können, wie zum Beispiel die Nummer Eins der Welt im Skispringen zu werden.

Hätte ich gewusst, dass es normal ist, nach Anerkennung zu streben, und zwar der Anerkennung wegen und nicht, um von anderen geliebt zu werden, hätte ich nach Erreichen des jeweiligen Ziels leiser treten können, ohne mich dabei wertlos und schlecht zu fühlen.

Ich hätte gelernt, mein Bedürfnis nach Anerkennung dadurch zu befriedigen, dass ich ohnedies außergewöhnlich bin. Wie wir alle. Selten habe ich aus Interesse an der Sache mein Bestes gegeben, an erster Stelle meines Tuns war das Motiv, andere Menschen damit zu beeindrucken und zu beweisen, dass ich genüge.

Durch die Behandlung der Erzieher im Internat entwickelte sich bei mir der feste Glaube, wertlos zu sein. Weil ich das von meinem Naturell her nicht wollte, begann ich, alles dafür zu tun, die Erwartungen meiner Bezugspersonen zu erfüllen. Auch deshalb, um Bestrafung zu vermeiden.

Vergangene Erfahrungen haben massiven Einfluss auf unser Leben, meist ohne dass uns das bewusst ist. Vergangene Erfahrungen lassen Glaubenssätze entstehen. Glaubenssätze drücken eine Überzeugung zu uns selbst oder zu unseren Beziehungen zu anderen Menschen aus. Sie entstehen meist in der Jugend durch Interaktion zwischen uns als Kind und unseren Bezugspersonen. Wir alle haben eine Vielzahl positiver und negativer Glaubenssätze in uns.

Wenn wir die negativen Glaubenssätze und starren Anschauungen nicht identifizieren, wirken sie ein Leben lang. Durch unser unbeeinflusstes Denken wird es immer wieder zu »geistigen Entgleisungen« kommen. Es erfordert Geduld, unsere Glaubenssätze ausfindig zu machen. Der Verstand ist dabei keine Hilfe, denn er hat kein Interesse, die mit Glaubenssätzen verbundenen Muster loszulassen. Er unternimmt alles Mögliche, um unsere Suche zu konterkarieren. Nur ein ruhiger Verstand ermöglicht den Zugang zum Unterbewussten, zu jenem Teil, wo unsere Glaubenssätze versteckt sind.

Aber die Suche lohnt sich.

Meine Glaubenssätze

Ich werde verlassen.
Ich werde nicht geliebt.
Ich bin nichts wert.
Ich darf nicht vertrauen.
Ich muss mich anpassen.
Ich darf keine Schwäche zeigen.
Ich bin nicht willkommen.
Ich darf niemals aufgeben.
Ich darf nicht wütend sein und ich darf mich nicht wehren.

Diese Glaubenssätze – die meisten davon haben sich in meiner Internats-Zeit entwickelt – blieben die längste Zeit meines Lebens meine Begleiter und hatten Einfluss auf mein Verhalten. Ohne mein Zutun drängten sie immer wieder an die Oberfläche. Dann bewertete ich zum Beispiel ohne Grund Personen als dominant oder übermächtig, oder ich ließ mich klein machen von Menschen, die ich nicht kannte. Schutzreaktionen wie Hass, mich in die Opferrolle zu begeben, Selbstmitleid, Nie-Aufgeben-Wollen, Anpassung, keine Schwäche zu zeigen, Perfektionismus usw. waren die Folgen.

Da mein Denker so lange Zeit von mir unbeeinflusst war, waren Abweichungen von diesem System kaum möglich. Dabei müssen wir dieses Verhalten »nur« loslassen, womit wir uns meist aber schwertun.

Hinter unseren »komplizierten« Problemen stecken in den allermeisten Fällen recht einfache Verhaltensmuster. Hat man das verinnerlicht, kann man das Verhalten mit kontinuierlichem Tun ändern. Dabei ist es völlig egal, wenn wir im Alltag einmal darauf vergessen und in alte Muster zurückfallen. Auch ob wir es gleich oder erst später erkennen, tut nichts zur Sache, denn jedes Mal, wenn wir es erkennen, entwickeln wir uns weiter. Irgendwann hören wir damit auf, auf unsere eigenen Projektionen und Muster hineinzufallen.

Ich werde verlassen.

Während der täglichen Meditation tauchte eines Tages ein Bild aus meiner Kindheit auf. Ich stand mit einer fremden Person auf einem Balkon und sah, wie meine Mutter wegging. Ich fuhr zu meiner Mutter, um sie zu fragen, was es mit diesem Bild auf sich haben könnte. Sie erzählte mir, dass ich als Kleinkind drei Wochen wegen Atembeschwerden in einem Wiener Spital verbringen musste. Die Empfindung, die mit diesem Bild einherging, fühlte sich an, als würde ich verlassen werden. Sehr schnell tauchten ähnlich gelagerte Erlebnisse auf und ich konnte einen mächtigen Glaubenssatz ausmachen: Ich werde verlassen.

Ich werde nicht geliebt.

Um mich zu trösten, habe ich in der belastenden Zeit im Internat meinem Körper mehr Nahrung zugeführt als er brauchte. Für einen kurzen Moment war dann alles leichter auszuhalten, aber es führte dazu, dass ich immer dicker wurde. Die Folge war, dass meine Mitschüler begannen, mich wegen meiner Körperfülle zu hänseln.

In meiner Hilflosigkeit ging ich in den Kampfmodus über. Ich raufte am Schulhof und tat, als wären mir die Kränkungen egal. War ich allein, hasste ich mich für die Schwäche, dick zu sein.

Gerade in der Zeit, wo ich damit kämpfte, die Liebe meiner Eltern verloren zu haben, wurde ich durch das Verhalten meiner Mitschüler zusätzlich immer wieder darauf hingewiesen »nicht liebenswert« zu sein.

Später in meinem Leben kam sogar Verachtung auf, wenn ich dicke Menschen gesehen habe. Ich verband den Anblick mit der festen Annahme, dass diese Menschen schwach sind, sich nicht im Griff haben und Verachtung verdient haben. Was natürlich ein völliger Blödsinn ist.
Mit 12 Jahren nahm ich als Teil der steirischen Skispringermannschaft an den österreichischen Meisterschaften teil. Der ORF war vor Ort und interviewte mich. Zu dieser Zeit war es etwas ganz Besonderes im Fernsehen zu

sein. Als ich montags in die Schule kam, versammelten sich gefühlt alle Schüler um mich. »Du warst im Fernsehen!!«, wurde ich bewundert. Unbewusst verstärkte diese Tatsache das Verhaltensmuster »auffallen, koste es, was es wolle« und meinen Glaubenssatz, nur geliebt zu werden, wenn ich der Beste bin. Das war mein Schlüssel zu Anerkennung und Liebe.

Ich bin nichts wert.

Dass meine Eltern meinem Wunsch, mich aus dem Heim zu nehmen, nicht nachkamen, lag hauptsächlich an meiner Großmutter, die zu dieser Zeit die Meinung vertrat: »Was ihn nicht umbringt, macht ihn nur härter.« Ein typisches Dogma der Kriegsgeneration. Dazu kam, dass der Lehrplan in dieser Schule darauf ausgerichtet war, sportlich gut und umfassend ausgebildet zu werden. Jeder in der Familie kannte meine Leidenschaft für das Skispringen. Die sportliche Ausbildung in dieser Schule war das spätere Fundament für meine Sportkarriere. All das bestätigt wertfrei betrachtet die Entscheidung meiner Eltern. Heute bin ich dankbar, dass auch sie damals durchgehalten haben, denn die gemachten Erfahrungen ließen mich viele wertvolle Charaktereigenschaften ausprägen. Meine Erfolge hatten zwar im Mangel ihren Ursprung, aber mit dem Verständnis von heute empfinde ich Dankbarkeit und fühle mich gut.

Also hielt ich weiter Ausschau nach unaufgearbeiteten Verhaltensmustern. Bald einmal stand die Frage im Raum, warum ich immer wieder glaube, nichts wert zu sein, beziehungsweise nur dann zu genügen, wenn ich der Beste bin.
Ich beobachtete meinen Atem und beruhigte mein Denken. Dann stellte ich mir die Frage: »Warum glaube ich, keinen Wert zu haben?«

Es war still im Kopf und wie aus dem Nichts tauchte folgende Situation auf: Wir stehen auf dem Sportplatz der Schule, zwei Mitschüler werden vom Lehrer beauftragt, zwei Fußballteams zu bilden. Einer nach dem anderen wurde aufgerufen und einem der beiden Teams zugeteilt. Als alle verfügbaren Spieler den beiden Mannschaften zugeteilt waren, stand ich noch immer da. Bedingt durch meine damalige Leibesfülle und der damit verbundenen mangelnden Leistungsfähigkeit wollte mich keiner in seinem Team haben. Ich genügte nicht, war ohne Wert für beide Teams. Gleichzeitig empfand ich das Bedürfnis, es allen zeigen wollen.

Mich wertlos zu fühlen. Der Beste sein zu wollen. – Zwei Muster, die mein Leben massiv beeinflusst haben!

Es kamen gleich mehrere dieser Erfahrungen zum Vorschein:
Beim Bodenturnen stellte mich der Lehrer an die Sprossenwand mit dem Argument, ich solle zusehen, damit ich etwas lerne. Es war frustrierend, ich wollte doch mitmachen. Intuitiv wusste ich, dass ich etwas dagegen tun musste, ständig ausgeschlossen zu werden, denn ich wollte dazugehören. So begann ich, in meiner Freizeit auf dem Sportplatz Purzelbäume und andere Übungen zu trainieren. Hunderte Male wiederholte ich die einzelnen Bewegungsabläufe. Ich übte so lange, bis ich es schließlich konnte, mehr noch, ich wurde in die Turnmannschaft der Schule aufgenommen. Aus dem Gefühl der Wertschätzung zog ich folgenden Schluss: »Wenn ich geliebt und anerkannt werden will, oder wenn ich etwas wert sein will, dann muss ich mich besonders anstrengen und perfekt und viel besser als die anderen sein.« Und so war das Verhaltensmuster geboren, alles dafür zu tun, um der Beste zu sein, egal ob es mit Schmerzen verbunden oder etwa mühsam war – ich wollte der Beste sein, koste es was es wolle. Dieses Verhalten behielt ich bei.

Ich war Mitte 50, als ich 2013 zu »Dancing Stars« eingeladen wurde. Eine TV-Show des ORF, wo prominente Personen sich in einem Tanzwettbewerb messen. Das Universum scheint tatsächlich zu hören, was wir sagen und Dinge quasi einzufädeln. Denn im Jahr zuvor sah ich die Sendung und ich hörte das Interview eines Teilnehmers, der geradezu schwärmte, wie großartig das alles wäre und wie gut das tägliche Training für seinen Körper sei – er sei fit wie nie zuvor in seinem Leben. Ich sagte zu meiner Frau, dass ich mich dort bewerben sollte, denn das wäre eine prima Chance, meinen

Körper wieder in Form zu bringen. Ich hatte über 25 Jahre lang keinen Sport mehr gemacht, aus Frust darüber, dass trotz hartem Training meine sportlichen Erfolge damals ausblieben. Ich saß damals vorm Fernseher, alles tat mir weh, Muskeln und Sehnen waren verkürzt. Natürlich habe ich mich nicht beworben (ich glaube das geht gar nicht), sondern im gleichen Trott weitergemacht und meine sportlichen Ambitionen auf morgen verschoben. Als Spitzensportler habe ich Sport immer nur als Mittel zum Zweck gesehen, nicht etwa als etwas Gesundes und Wohltuendes für meinen Körper. Das war sicherlich mit ein Grund, warum ich mein Bewegungsprogramm immer wieder vor mir herschob. Als ich eines Tages wieder einmal in Sachen Kulm mit dem Auto unterwegs war, läutete das Telefon und der damalige Sportchef des ORF, Hans Peter Trost, war am Telefon. Er redete nicht lange herum und sagte: »Du musst für mich tanzen!« Der ORF war Partner bei den Skiflug-Veranstaltungen am Kulm und wir arbeiteten daher seit Jahren eng miteinander zusammen. Um Jahr für Jahr die bestmöglichen Voraussetzungen für die optimale Berichterstattung des ORF für seine Zuseherinnen und Zuseher zu ermöglichen, waren die Abstimmung und das Miteinander natürlich entsprechend intensiv. Daher sagte ich im Scherz zu ihm: »Noch mehr nach deiner Pfeife tanzen geht doch gar nicht!« Er lachte und erzählte mir, die Redaktion von »Dancing Stars« hätte ihn aufgrund unseres beruflichen Naheverhältnisses gebeten, mich zu fragen, ob ich mitmachen möchte.

Ich dachte sofort an das Interview und an die Chance, meinen Körper in kurzer Zeit in Schwung bringen zu können. Dieses Fernsehformat hatte alles, was dafür notwendig war. Training, Ziele, Wettbewerb. Mit letzterem Punkt also einen Grund, der das harte Training mit allen Begleiterscheinungen rechtfertigen würde.

Bis zur finalen Entscheidung, es zu machen, vergingen dennoch drei Monate, da meine ältere Tochter Nina dagegen war. Sie argumentierte, ich würde in der Außenwahrnehmung aller für Leistung und Spitzensport stehen und hätte es doch überhaupt nicht nötig, mich bei einer Unterhaltungsshow darzustellen. Noch dazu, wo ich keinen Event oder dergleichen zu bewer-

ben hatte. Ich war hin und her gerissen, denn sie hatte im Prinzip recht. Im November bat ich sie nochmals um ein Gespräch. Ich erklärte ihr, ich sähe mit der Teilnahme eine Chance, mich nach 25 Jahren endlich wieder zum Sport aufzuraffen, einfach weil ich mit dem Tanzen ein Ziel verbände. Sie würde mir lieber einen Personal Trainer bezahlen, meinte sie, und so ging es hin und her. Bis sie zu mir sagte: »Papa, denk an dein Image. Was ist, wenn du gleich am Anfang rausfällst? Was ist, wenn du dich blamierst? Denk an die Menschen da draußen, wie sie dich dann herrichten.« Als ich das hörte, hielt ich inne:
»Du willst, dass ich auf mein Image achte. Weshalb und für wen soll ich denn auf mein Image achten?«, fragte ich sie. Sie meinte, ich sei doch eine Persönlichkeit des öffentlichen Lebens und es gehe sehr viel schneller als ich glaube, dass sich die Menschen von jemandem abwenden. »Nina«, sagte ich, »du kannst dich erinnern, als ich 2003 nicht mehr mit dem Leben zurechtkam. Ich musste dich, Laura und Mama verlassen, weil ich einfach nicht mehr konnte und in der Flucht nach Nashville die Lösung für mein Desaster sah. Was meinst du, wie viele von den Menschen, vor denen du jetzt glaubst, dass ich mein Image wahren soll, sich damals bei mir gemeldet haben? Keiner! Und jetzt soll ich wegen Menschen absagen, denen ich immer egal war? Es tut mir leid, wenn es für dich nicht in Ordnung ist, dass ich das mache, ich respektiere das, aber ich werde jetzt anrufen und meine Teilnahme bestätigen.«

Das war am 27. November 2013 um 15:00 Uhr. Um 17:00 Uhr stand ich mit meinem ehemaligen Trainer Herbert, Seniorenweltmeister im Stemmen, im Kraftraum und habe mit dem Training begonnen. Seit diesem Tag gab es im Jahr vielleicht dreißig Tage, an denen ich nicht am Morgen meine dreißig Minuten Dehnen und Kräftigen gemacht habe.

Im Februar 2014 begann die Show.
Unbemerkt bahnten sich uralte Verhaltensweisen ihren Weg in die Realität –, und ich habe trainiert wie ein Besessener. Nach der fünften Show musste ich ins Krankenhaus, um eine Schmerzinfusion zu bekommen, weil ich mich

nicht mehr bewegen konnte. Bei der sechsten Show habe ich mir ein Band in der Schulter gerissen. Es war mir völlig egal, wie groß die Schmerzen waren – aufgeben gab es für mich nicht, denn es interessiert niemanden, wie man zum Erfolg kommt und der Beste wird –, das war meine Überzeugung. Vor der Finalsendung habe ich mir zu guter Letzt bei der Generalprobe die Strecksehnen beim rechten Arm gerissen. Der Arzt sagte, das müsse sofort operiert werden. Ich sagte ihm nur, er solle mich verbinden, denn ich würde morgen auf jeden Fall das Finale tanzen. Direkt nach der Finalsendung unterzog ich mich zwei Operationen: eine an der Schulter und eine am rechten Arm. Als ich dann im Krankenhaus lag und ein wenig zum Nachdenken und Innehalten Zeit hatte, wurde mir klar, dass es doch völlig sinnlos ist, so dermaßen an die Leistungsgrenze zu gehen – nur um zu genügen!

»Dancing Stars« war auch insofern eine tolle Erfahrung, denn ich sah nachher Sport, vernünftig angewandt, zum ersten Mal in meinem Leben als etwas Gutes an, als gesund und ideal, damit meinen Körper in Form zu halten. Nicht als Arbeit. Ich erkannte auch, dass es dabei nicht nötig ist, dass mir hinterher alles weh tut, sondern dass das Bewegen allein reicht und es Spaß machen darf.

Ich darf nicht vertrauen.

Misstrauen anderen Menschen gegenüber prägte lange Zeit mein Dasein. So wehrte ich das Unbehagen über den Verlust meiner Autonomie im Internat ab.

Die Übermacht der Erziehungspersonen in meiner Jugend hatte zum Verlust meiner Autonomie geführt und zusätzlich projizierte ich eine Überlegenheit in meine Mitmenschen hinein. Weil Anpassung nicht immer das richtige Konzept für mich war, lehnte ich Menschen einfach generell ab. Nie mehr wollte ich fremdbestimmt sein. Gab es Anzeichen einer Fremdbestimmung, leistete ich Widerstand, entweder aktiven oder passiven.

Es gab den Angriffs-Modus, in dem ich auf mein Recht pochte und attackierte, oder ich gewährte meinem Gegner keinerlei Aufmerksamkeit und ließ ihn auf diese Weise spüren, dass ich hier den Ton angebe.

Viele Menschen legen machtstrategisches Verhalten an den Tag. Ihr zwischenmenschlicher Umgang ist anstrengend, weil sie ständig recht behalten wollen, sie hören nicht zu und alles muss nach ihrem Willen gehen.

Es hilft, sich vor Augen zu halten, dass sie damit zu kämpfen haben, sich als unterlegen wahrzunehmen und deshalb projizieren sie eine Dominanz auf andere Menschen, gegen die sie sich wehren müssen. Die Ohnmachtsgefühle, die sie bei sich vermeiden wollen, hängen sie mithilfe ihrer Machtstrategien anderen um.

Mein Vertrauen wurde oftmals erschüttert und so hat sich ein starkes Kontrollbedürfnis entwickelt. Alles wollte ich selbst im Griff haben, und zwar immer. Meine eigenen Bedürfnisse waren mir dabei egal. Viel Erfolg hatte ich mit diesem Verhalten verursacht, Freude war meist nicht dabei.

Mein Fokus war darauf ausgerichtet, alles zu optimieren, alles im Auge zu behalten. Ich sorgte dafür, dass ich bei meinen Events über alle Aktivitäten informiert war, sie zum großen Teil selbst erledigte. Ich hatte wenig Vertrauen in andere Personen.

Es war egal, ob es darum ging, die Kontrolle über die Gesundheit zu behalten, die Figur zu bewahren oder der Beste bei »Dancing Stars« zu sein. Ich projizierte meine Angreifbarkeit auf den Körper oder die Leistung.

Grübelzwang ging mit dem Kontrollstreben einher. Zwanghaftes Denken ließ mich immer wieder dieselben Bahnen verfolgen. Eine Endlosschleife an sinnlosen Gedanken, die jeden Lösungsansatz blockierten. Weil unangenehm, blieb mir nur die Flucht mit meinen Gedanken in die Zukunft. Das ließ vermeintliches Vertrauen entstehen, dass dort alles besser werden wird. Gespräche mit meinem Coach brachten für mich die Erkenntnis, dass es nicht ausreicht, nur darauf zu vertrauen, dass alles von allein in die richtigen Bahnen kommt. Man muss etwas dafür tun, um aus dem zwanghaften Denken auszusteigen. Es geht darum, das ungewünschte Verhalten zu erkennen und anzunehmen. Die mit dieser Situation einhergehenden Gedanken bewertungsfrei zu beobachten, so lange bis das Denken still ist – das ermöglicht es uns, ein Verhalten zu überschreiben.

Ich muss mich anpassen.

Je mehr man im Internat versuchte, meinen Willen zu brechen, desto konzentrierter und angepasster agierte ich. Denn das Gefühl, geliebt zu werden, wenn ich entspreche, war viel stärker als der Drang, mich nicht unterzuordnen. Dieses Verhalten ließ mich letztendlich glauben, alles allein schaffen zu müssen.

Es gab keinen Rückhalt der Erzieher, ebenso wenig von den Mitschülern. Von da an war mein Konzept, alles im Stillen mit mir auszumachen und auszuhalten, damit mein Umfeld nicht mitbekam, wie es mir wirklich geht. Perfektionismus war ab dieser Zeit mein Zugang – Spaß und Freude spielten eine untergeordnete Rolle.

Ich darf keine Schwäche zeigen.

Habe ich im Internat geweint, wurde ich gehänselt. Also habe ich aufgehört zu weinen.

Als meine Schwester bei einem Autounfall ums Leben kam, zeigte ich beim Begräbnis keine Regung.

Ebenso verhielt ich mich bei der Verabschiedung meines Vaters.

Was von außen betrachtet kalt und gefühllos wirken mag, war meinem erlernten Verhalten geschuldet, keine Schwäche zu zeigen.

Dieses Keine-Schwäche-Zeigen hatte zur Folge, dass ich die Nähe zu anderen Menschen – selbst zu meiner Familie – nicht mehr zugelassen habe. Ich hatte gelernt, Distanz zu Menschen zu halten, um es besser aushalten zu können, auch für den Fall, dass sie mich verlassen oder im Stich lassen.

Blicke ich heute auf dieses Verhalten zurück, belastet es mich, weil ich erkenne, dass ich im Grunde immer Nähe gesucht, aber sie nicht zugelassen habe. Keinesfalls entsprach dieses Auf-Distanz-Bleiben meinem Naturell, ich konnte aber lange Zeit nicht anders.

Heute genieße ich die wunderbare Zeit mit meiner Familie und nehme jeden Moment bewusst wahr. Es gibt aber auch Tage, das will ich nicht verschweigen, an denen die alten Muster durchschlagen. Das zeigt, wie wirkmächtig sie sind. Nur habe ich jetzt ein Konzept, ihnen entgegenzuwirken. Erkenne ich mein Abgleiten in alte Muster, halte ich inne, atme ruhig durch und beobachte die entstehenden Gefühle, bis sie weg sind.

Haben sich meine Gedanken beruhigt, erkläre ich mir, dass dieses Distanzhalten heute nicht mehr notwendig ist. Kein Mensch wird mich verlassen oder abschieben. Auch wenn ich Schwäche zeige.

Ich bin nicht willkommen.

Einmal war unsere Klasse auf Schullandwoche in Admont. Auf der Rückreise nach Bad Goisern fuhren wir an meinem Heimatort vorbei. Ich brachte den Fahrer dazu, mich an der Bundesstraße aussteigen zu lassen, indem ich ihm glaubhaft machte, dass das mit meinen Eltern so vereinbart sei. Was so aber nicht stimmte, denn sie hatten mir aufgrund mangelnder schulischer Leistungen verboten, am Wochenende nach Hause zu kommen – ich sollte stattdessen im Internat bleiben, um zu lernen. Die Vorfreude auf ein Wochenende daheim verhinderte meine Furcht vor eventuellen Konsequenzen. Meine Eltern waren überrascht als sie mich sahen. Sie fragten mich, was ich hier mache, denn sie hätten mir doch klargemacht, dass ich aufgrund meines Verhaltens im Internat zu bleiben hatte. Es sei doch Freitag und der Bus sei ohnehin in Bad Mitterndorf vorbeigefahren, argumentierte ich. Freitag, der Tag, an dem ich immer nach Hause durfte.

Ich sah meine kleine Schwester und spürte die Reaktion der Eltern auf mein überraschendes Auftauchen. Von da an war für mich klar, nicht willkommen zu sein. Diese Vorstellung brannte sich tief in mein Unterbewusstsein ein und beeinflusste ab diesem Moment mein Verhalten.

Ab da versuchte ich, die verloren gegangene Liebe zurückzuholen. Ich tat alles dafür. Auch Sachen, die meinem Wesen und meinen Gefühlen widersprachen. Sie dienten nur dazu, die Gunst anderer Leute zu erhalten. Dieses Verstellen über einen so langen Zeitraum war zwar ein starker Motor für das Erreichen von Zielen, aber es hat viel gekostet. Den Verlust der tiefgehenden Lebensfreude zum Beispiel. Irgendwann wurde mir die Diskrepanz zu dem, was ich nach außen hin vorgab und gleichzeitig im Inneren fühlte, zu groß. Ändern konnte ich das aber nicht und später nur sehr schwer, weil ein weiteres meiner Verhaltensmuster durchschlug: niemals aufzugeben.

Ich darf niemals aufgeben.

Sehe ich es heute aus dem Blickwinkel des kleinen Jungen, so hatte ich keine andere Möglichkeit, als zu glauben, ich sei nicht mehr gewollt. Die Abschiebung in das Heim, dass plötzlich eine kleine Schwester da war, dass ich nicht willkommen war, als ich mich von der Schullandwoche absentierte. Aus all diesen Puzzleteilen baute ich mir meine subjektive Realität, und daraus entstand neben dem Glaubenssatz, nicht willkommen zu sein auch jener: Aufgeben gibt es nicht. Für alles, was in meinem Leben auf mich zukam, galt fortan der Grundsatz: Geht nicht – gibt es nicht. Und Aufgeben gab es schon gar nicht.

Das meditative Hinsehen führte mir vor Augen, dass es heute wie damals keinen Grund gab, so zu fühlen und zu agieren. Durch die Beobachtung meines Verhaltens gelang es, die mit den Glaubenssätzen einhergehenden Schutzreaktionen mehr und mehr zu lösen. Was wir in unserem Schmerz oft nicht erkennen ist die Tatsache, dass die schwerwiegenden Sachen viele positive Verhaltensweisen an das Tageslicht bringen. So lehrten mich die Erfahrungen im Internat Disziplin, Durchhalten und mit herausfordernden Situationen fertig zu werden. Diese Eigenschaften brachten mir viel Erfolg, verbunden mit Ruhm und Ehre.

Ich darf nicht wütend sein. Ich darf mich nicht wehren.

Das Verhalten im Internat, lieb und artig zu sein und die Überzeugung, mich anpassen zu müssen, waren dem dominanten und würdelosen Verhalten meiner Erziehungsbemächtigten geschuldet. Ich kultivierte, »lieb und artig« und »anpassen«, um »mein Überleben« sicherzustellen und um Sanktionen auszuweichen. Denn es ging immer schlecht für mich aus, wenn ich mich mit dem Erziehungspersonal anlegte.

Als ich einmal eine Ohrfeige bekam, deutete ich ein Zurückschlagen an. Meine Eltern mussten zu einem klärenden Gespräch in das Internat und der Ärger, den mir der ganze Zirkus einbrachte, war gehörig. Mich nicht zu wehren war notwendig, wollte ich meine Ruhe haben. So prägte sich der Glaubenssatz ein, dass ich mich auf keinen Fall wehren darf. »Nicht wehren« kompensierte ich damit, fokussiert an meinen Aufgaben zu arbeiten um es so allen zu zeigen.

Ich musste meine Wünsche und Gefühle unterdrücken lernen.

Dadurch entstand auch ein gestörter Umgang mit Wut. Wut ist nicht prinzipiell schlecht, denn sie hat den Sinn, uns in der Welt zu behaupten und unsere Grenzen verteidigen zu können. Durch die Übermacht der erziehungsbemächtigten Personen war es aber sinnvoller, die Wut und Hilflosigkeit zu unterdrücken.

So konnte ich nie einen angemessenen Umgang mit meinen Emotionen lernen. Was aber schon funktionierte, insbesondere, wenn ich in die Enge getrieben wurde, war, mich zu behaupten – instinktiv. Das hatte zur Folge, dass meine Eltern von der Internatsleitung zu Gesprächen vorgeladen wurden, dessen Inhalt mein unmögliches Verhalten war und sich in weiterer Folge die Glaubenssätze »Ich darf nicht wütend sein« und »Ich darf mich nicht wehren« tief und mächtig in meinem Unterbewusstsein einprägten.

Wie ich heute weiß, waren es nur Gedanken ...

Wie ich heute weiß, waren es nur Gedanken, eine ganz persönliche Interpretation einer Situation eines kleinen Jungen, die sich in Form von Glaubenssätzen tief in ihm einbrannten.

Aber heute bin ich erwachsen und bin bereit, diese kindlichen Vorstellungen loszulassen. Warum ich das nicht früher erkannt habe? Es liegt in der Natur der Sache, dass Glaubensätze dieser Art so tief in unserer Seele versteckt sind, weil wir sonst das Leben durch die hervorgerufenen Emotionen nicht aushalten würden. So ist es logisch, dass wir unsere Schutzreaktionen dazu verwenden, das Leben zu bewältigen.
Ich bin heute zuversichtlich, dass dieser kleine Junge in mir, der über Jahrzehnte alles dafür getan hat, um nicht verletzt zu werden und der trotz aller Erfolge weiterhin fest daran glaubt, er sei nichts wert, erwachsen werden wird und ich so zu meiner wahren Größe heranwachsen werde. Ich werde meinen Platz finden.

Es ist nicht mehr nötig, über außergewöhnliche Leistung nach Anerkennung zu streben, geschweige denn von dieser abhängig zu sein. Dankbarkeit ist angesagt, so viel Fülle im Leben erfahren zu haben. Dankbar zu sein, vieles nun anders sehen zu können und endlich die Chance nützen, in Freiheit zu leben.
Dankbar zu sein, dass diese Glaubensätze nun an der Oberfläche sind, damit ich sie auflösen kann. Ich sehe all die Menschen in meinem Umfeld, die immer für mich da waren und mein Wachstum förderten.

Mit 15 Jahren hat mich mein Muster – davonzulaufen, um nicht verletzt und/oder verlassen zu werden – das erste Mal dazu gebracht, mit dem Skispringen aufzuhören, nachdem mein Trainer mir das Vertrauen entzogen hatte.
Mit 24 Jahren habe ich meine Sportkarriere beendet, nachdem der Erfolg ausgeblieben war und sich die Fans abgewandt hatten.

1999 war ich als Generalsekretär der Österreichischen Sporthilfe mit Schwierigkeiten konfrontiert. Es ging um politischen Hickhack. Ich zog mich zurück mit dem Vorwand, überlastet zu sein.

Die »World Sports Awards« mit allen Rechten an Daimler-Chrysler (die späteren und nunmehrigen »Laureus World Sports Awards«) zu verkaufen, war mir damals lieber, als von Dietrich Mateschitz das Angebot der zeitlich und monetär unbegrenzten Finanzierung der Veranstaltung anzunehmen.

2018 folgte dann mein Rücktritt aus der Organisation des Skifliegens am Kulm, nur weil jemand mir das Gespräch verweigert hatte.

Als ich nach meiner Sportlaufbahn keinen anspruchsvollen Job bekam, machte ich auch alle möglichen Leute dafür verantwortlich.

Ich war davon überzeugt, dass die Schuld, nicht im Film beim Festakt der 100-Jahr-Feier des ÖSV vorgekommen zu sein, beim ÖSV-Präsidenten und seinem Generalsekretär lag. Für mich war klar, dass hinter diesem »Versehen« volle Absicht stand.

All das waren immer wiederkehrende Muster, die sich aufgrund von Glaubenssätzen, gebildet und tief eingeprägt ab dem Alter von zehn Jahren, in Verhaltensweisen manifestierten.

Und so führten mich all diese Erfahrungen im Jahr 2003 ausgebrannt nach Nashville. Es war kein Platz und keine Kraft mehr da für das Verdrängen von Gefühlen. Ich verschaffte mir damals aber nur Luft, um nach dieser Auszeit unbewusst weiterzumachen wie vorher. Ich hatte nur verdrängt und verharrte weiterhin in der Gefangenschaft meiner gewohnten Verhaltens- und Denkmuster.
Im Laufe der Arbeit mit meinem Coach stellte ich die Frage: »Was ist, wenn mir jemand physische Gewalt antut, die deutlich sichtbar und spürbar ist. Da bin ich als Opfer, und es gibt den Täter. Da ist es doch offensichtlich, dass je-

mand anderer für mein Leid zuständig ist. Warum soll ich dann meinen Zorn nicht auf diese Person richten?« Er antwortete: »Auch wenn es absurd klingt. Wenn uns durch jemanden Gewalt angetan wurde, dann ist es wertfrei betrachtet so. Es ist im Moment des Erlebens sehr schlimm und verletzend. Aber für immer schlimm bleibt es deshalb, weil wir die damit erlebten Erfahrungen immer und immer wieder in unsere Jetztzeit mitnehmen und dem Täter gedanklich die Schuld umhängen. Immer wieder reißen wir, vermeintlich zu Recht, diese langsam heilenden Wunden auf. Die damit einhergehenden Gefühle scheinen auch echt zu sein, obwohl alles bereits vorbei ist. Dieses Verhalten nimmt uns die Chance, Erlebtes loszulassen.«

Wir erhalten mit unserem Denken die Vorstellung aufrecht, dass jemand anders »jetzt noch immer« für unseren unangenehmen Lebensumstand verantwortlich ist. Will man solche extremen Situationen verstehen, die psychische und physische Verletzungen, die zwar vorbei sind, nach sich gezogen haben, ist es schwer, den Geisteszustand und die Position des Opfers zu verlassen.
Im Grunde meinte mein Coach Gerhard: ja, es sei schlimm, wenn uns so etwas widerfährt, aber loslassen und Ruhe finden können werden wir nur dann, wenn wir den Schmerz und die Demütigungen zulassen, dann annehmen und sie zum Schluss bewusst auflösen, indem wir unser Verhalten und unsere Einstellung zu dem Erlebten und den Menschen, die dafür verantwortlich zeichnen, ändern. Wir allein entscheiden, was wir denken und was wir fühlen.

Es hilft dabei, sich vor Augen zu halten, dass die Person, die für unsere Projektionen von Hass und Sorge in Betrachtung kommt, zu diesem Zeitpunkt nicht anders konnte, weil auch sie in negativen Mustern gefangen war, die solche Reaktionen oder Taten hervorriefen. Und wenn nun das Ego einen Aufschrei macht, bei dem Gedanken an diese Person ein Feindbild entstehen lässt, wir denjenigen am liebsten angreifen und ebenfalls verletzen würden, dann ist das die beste Gelegenheit, damit anzufangen, diese Regung genau zu beobachten.

Woher kommt sie, warum bringt sie uns aus dem Gleichgewicht? Bei der Beobachtung sollten wir keinesfalls urteilen, weder Hass noch Zorn zulassen. Denn diese Energien halten die Schutzreaktionen (wie Selbstmitleid oder die Opferrolle) aufrecht, und so gibt es kein Entkommen aus diesem Sumpf eines Lebens im Mangel. Das unbeeinflusste Hinsehen reicht aus. Die Kunst besteht darin zu erkennen, dass es vorbei ist und keinen Einfluss mehr auf das Leben im Heute hat.

Eine Situation aus der Perspektive eines unbeteiligten Beobachters zu sehen, ist dabei eine hilfreiche Methode, sich vor der Einflussnahme seines Verstandes zu schützen. Aus einer überparteiischen Position heraus sehen wir sofort, dass es keine Notwendigkeit mehr gibt, diese Muster aufrechtzuerhalten. Irgendwann ist es nur mehr ein Ereignis in der Vergangenheit, und es hört auf, unsere Lebensumstände zu beeinflussen, weil wir aufgehört haben, es zu bewerten.

Schützen wir uns, indem wir es immer wieder verdrängen, bleibt das Unangenehme immer an unserer Seite. Nur ein kleiner Auslöser ist notwendig, und alles ist da. Erkennen wir also den Trigger, ist es empfehlenswert, sofort stehenzubleiben, die Situation zu beobachten und den ganzen Schmerz zuzulassen, ohne ihn weiter zu bewerten.

So vieles in meinem Leben war nur Einbildung, anfangs hervorgerufen durch falsche Interpretation unterschiedlicher Situationen. Da hinein fällt die Aussage des Ausbildungsleiters einer Fluglinie, der meinte, ohne Matura könne ich nie Pilot eines Linienflugzeuges werden. Oder die Aussage eines Trainers, der meinte, aufgrund meiner Leibesfülle wäre es unmöglich, dass ich es beim Skispringen zu etwas bringe. Rückblickend sieht die Geschichte anders aus, denn ich war die Nummer Eins der Welt im Skispringen und bin als Kapitän Linienflugzeuge geflogen. Weil ich an mich glaubte.

Unsere eigenen Interpretationen von Gesagtem durch andere können uns einengen, unfrei machen. Das Lösen von den Interpretationen des Gesagten anderer Menschen ermöglicht es, Klarheit zu finden, was man will. Dabei sollte dass Erreichen von Zielen aus dem richtigen Grund erfolgen. Abnehmen sollte man in Erwägung ziehen, will man sein Wohlbefinden steigern, aber keinesfalls, um anderen zu gefallen (das ist dann eine Folge des Tuns).

Schritt für Schritt zur Heilung

Erkennen

Was und wie

Nachfolgend eine Geschichte, die sehr gut beschreibt, wie wichtig es ist zu wissen, was man ändern muss und vor allem wie das gemacht wird.

Bei meiner automatisierten Skisprungtechnik hatte sich ein Fehler eingeschlichen, mit freiem Auge nicht erkennbar. Die Folge dieses technischen Problems war, dass ich bei augenscheinlich guten Sprüngen immer einen bis zwei Meter kürzer sprang als mein Freund und Mannschaftskollege Armin Kogler. Auf Weltklasseniveau entscheiden diese wenigen Meter über Siege oder Niederlage.

Ich studierte mit meinem Trainer Baldur Preiml die Videoaufzeichnung meines Sprunges. Bei normalem Durchlauf der Sequenzen war nichts zu erkennen, alles schien gut zu sein. Erst als wir den Absprung in Einzelbildern nachvollzogen, konnte man erkennen, dass ich eine Zehntelsekunde vor dem Absprung die Arme nach unten bewegte. Das veränderte den Schwerpunkt um eine Nuance. Dieser technische Fehler hatte zur Folge, dass ich zu gerade absprang. Anders erklärt: ich verlor aufgrund des größeren Luftwiderstandes beim Absprung mehr Geschwindigkeit als Armin und das hatte die kürzere Weite zur Folge.

Nach dieser Erkenntnis definierten mein Trainer und ich ein klares Ziel, was und wie das zu ändern ist. Nach der Analyse richtete ich meinen Fokus über 14 Tage lang darauf, dass die Arme beim Absprung ruhig sind. Durch das fokussierte Arbeiten wurde das Problem gelöst. Ab diesem Zeitpunkt bewegte ich meine Arme nicht mehr beim Absprung.

An diesem Beispiel ist zu erkennen, dass wir in der Lage sind, eingefahrenes Verhalten zu ändern und mit Konsequenz vorzugehen, bis das Ziel erreicht und das neue Verhalten automatisiert ist. Erst dann übrigens sollte man sich dem nächsten Projekt- oder Veränderungs-Schritt widmen.

Ist ein Verhalten automatisiert, bedarf es keiner Gedankenkraft, um es anzuwenden. Alles geschieht dann automatisch. Zusätzlich wird es bei jedem weiteren Entwicklungsschritt automatisch mittrainiert und gefestigt. Arbeiten wir mit unseren Sinnen, unserer Inspiration und Begeisterung an der Veränderung, dann ist die Folge Erfolg.

Die Grundlage jeglicher Veränderung ist es, den Istzustand zu erkennen und zu akzeptieren. Nehmen wir Abstand zu uns selbst, erkennen wir den Ist-Zustand. Beobachten wir aus dem »Auge des Orkans« heraus, sehen wir die Welt um uns herum, aber nicht uns selbst. Die optimale Beobachterperspektive ermöglicht uns, uns von außen wahrzunehmen. Vom inneren Blickwinkel aus glauben wir alles, was wir fühlen, sehen und denken – denn da sind wir ja gerade, und je turbulenter es da zugeht, desto geringer ist in der Regel der Gedanke daran, eine andere Perspektive einzunehmen, um Ruhe ins Geschehen zu bringen.

Wir erschaffen unsere Wirklichkeit

Die Probleme, die mich begleitet haben und die teilweise heute noch an meiner Seite sind, sind Relikte der Vergangenheit. Die Vergangenheit ist vorüber und je schneller wir verstehen, dass wir frei sind – mehr noch, immer frei waren! – desto eher verspüren wir das Glück, nach dem wir im Grunde streben.

Gerade am Anfang hat mein Verstand bei solchen Aussagen rebelliert, hatte ich doch auf meiner Gefühlsebene ein ganz anderes Feedback. Wir sind was wir denken. Warum aber wirken diese Programme aus unserer Jugend noch heute so stark?
Die Erklärung dafür liegt in der Konditionierung unseres Gehirns: je öfter wir einen Gedanken denken, umso öfter handeln wir auch dementsprechend, und desto tiefer prägt sich das dazugehörige Verhalten in unser Bewusstsein ein.

Zusätzlich ist unsere Denkkapazität mit einem einzigen Gedanken ausgereizt. Wir haben für alternative Gedanken keinen Platz. Wird eine Schallplatte abgespielt, ist es unmöglich, mit dem gleichen Plattenspieler zeitgleich eine zweite abzuspielen. Deshalb ist das Ändern von Verhalten so schwer, und weil das so ist, verzichten wir lieber auf diese Anstrengung.

Es lohnt sich, darauf zu achten, dass sich unsere Gefühle und unsere Stimmung grundsätzlich in einer positiven Schwingung befinden. Machen wir uns das Gute bewusst, das es in unserem Leben gibt! Diese Geisteshaltung zu erlangen erfordert – wie bei allen Veränderungen – Disziplin. Nur mit Disziplin ist es möglich, alte Denkmuster mit Positiven zu überschreiben.

Achten wir auf unsere Stimmung, hören wir auf, aus Pflichtgefühl Entscheidungen zu treffen. Entscheiden wir intuitiv. Ein positiver Zugang zu unserem Leben vereinfacht die Dinge enorm. In guter Stimmung fällt es leicht, wohlwollend zu sein, nicht zu urteilen und humorvoll und freundlich durchs Leben zu gehen.

Mit dieser Aura und Lebenseinstellung stecken wir andere Menschen an. Sie fühlen sich in unserer Umgebung wohl, wir tun ihnen gut. Wer anderen Menschen mit einem Lächeln begegnet, bekommt in der Regel ein Lächeln zurück und motiviert im besten Fall, dass sein Verhalten Nachahmer findet.

Unsere Launen, aber auch der Erfolg, haben entscheidenden Einfluss auf unsere Stimmung und daher sind wir darauf bedacht, Unlust zu vermeiden und wir streben nach Glück. Die gute Nachricht ist, dass Glück trainierbar ist.

Lassen wir zu, dass Denken unsere Lebensumstände kreiert, so können wir uns ausrechnen was passiert, wenn wir im Negativdenken verharren. Daher ist es wichtig, sich seiner Ressourcen, Werte und Stärken bewusst zu sein und all dieses Wissen zielgerecht einzusetzen, wenn es uns einmal nicht so gut geht.
Das gilt immer, aber insbesondere bei Veränderungsvorhaben.

Was soll Hoffnung bringen?
Es ist oftmals unglaublich, was sich während der Beobachtung meiner Gedanken in meinem Kopf abspielt. Der Verstand wehrt sich, wenn ich sein Denken unterbreche.

Oft dient das zwanghafte Denken der Erschaffung von Hoffnung, verbunden mit der Erwartung, dass die Zukunft besser wird. Aber Hoffnung ist eine Illusionen, die sich zwar gut anfühlt, aber ohne Bedeutung ist.

Als ich meine »Flucht« nach Dubai antrat, war ich voller Hoffnung. Aus den Augen, aus dem Sinn, dachte ich. Beim Entschluss, in das Emirat zu fliegen, stellte ich mir vor, welch herrliche Zeit ich dort verbringen würde. Wie gleichgültig es mir sein würde, wenn der Skiflugweltcup in Österreich stattfindet. Mein Verstand hat die Entscheidung »abzuhauen« mit Wohlwollen unterstützt und im Geiste eine heile Welt entstehen lassen.

Haben sich meine Vorstellungen erfüllt? Bedauerlicherweise nicht. Obwohl alles meiner Vorstellung entsprach, hat mein Verstand eine düstere Welt erschaffen. Das schöne Hotel, die Anwesenheit meiner Frau, meiner Freunde, die Golfplätze, alles das habe ich nicht wahrgenommen. Ich war in meinen Gedanken gefangen, in Selbstmitleid, ohne eine Chance, aus diesem Geisteszustand auszusteigen. Alles war nur eingebildet, erdacht. Wie schon viele Jahre vor Dubai, bei meiner Reise nach Nashville. Die Hoffnung, dass durch den Ortswechsel alles besser werden würde, erzeugte nur ein gutes Gefühl. Unmittelbar nach der Ankunft war der furchterregende Zustand an beiden Orten wieder an meiner Seite. Die unaufgearbeitete Realität hat mich in beiden Fällen eingeholt. Nichts von dem, was sich vorher in meinen Gedanken so gut angefühlt hatte, war mehr zu spüren.

Wie auch? Ich habe nur mit meinen Gedanken eine heile, hoffnungsvolle Welt erschaffen und nichts dazu beigetragen, die aktuelle Situation zu ändern. Ich bin mit meinen Gedanken lediglich in die Zukunft geflüchtet und habe sie mir schön ausgemalt.

Würden wir bei unserem Haus morsches Mauerwerk entdecken, würden wir wissen, was zu tun ist. Wir würden die Mauer sanieren. Mit meinen hoffnungsvollen Gedanken im Zusammenhang mit Dubai und den U.S.A. habe ich versinnbildlicht die morsche Mauer stehen gelassen, sie maximal neu verputzt, sodass nur für eine Zeit der Anschein entstand, alles sei wieder gut.

Ich hätte gleich auf die Nichteinladung zum Kulm reagieren sollen. Den Grund herausfinden, warum man mich ausgeschlossen hatte. Dies ließ aber mein Ego nicht zu. Im Gegenteil, es produzierte so viele negative Gedanken, die nur mit der gedanklichen Flucht in eine bessere Zukunft zu bewältigen waren. Mein Verstand war an die Erschaffung einer hoffnungsvollen Zukunft gebunden, er wechselte zwischen Negativgedanken und Hoffnung hin und her. Es war ein klassisches Verdrängen der Realität.

Die mühsame Gegenwart muss ohne Wenn und Aber angenommen werden. Der begleitende Schmerz ist auszuhalten. Denn nur mit dem Hinsehen ermöglichen wir der Intuition, aktiv zu werden.
Ist sie aktiv, sollten wir ihr mutig folgen, auch wenn es dem Ego widerstrebt oder ihm unangenehm ist. Außerdem ist »unangenehm« lediglich ein Gedanke, keinesfalls Realität. Durch bewertungsfreies Zulassen verliert der Gedanke an Gewicht und wir können entsprechend handeln.

Aber ganz brauchen wir die Hoffnung nicht aufzugeben. Das Erdenken einer rosigen Zukunft in harten Zeiten hilft, durchzuhalten. Das ist gar nicht schlecht, denn wir halten damit die Motivation hoch. Aufzupassen ist, dass solche Zukunftsspinnereien nicht zu Tagträumen werden und wir somit die Realität nicht mehr wahrnehmen. Wir leben dann, ohne zu leben.

Ist die Arbeit hart, versinke ich in Gedanken, begebe mich an Orte, wo ich mich wohlfühle, wo ich zum Beispiel meinem Hobby dem Golfspiel nachgehe. Ich verharre dort für wenige Minuten, um mich dann wieder motiviert meiner Arbeit zu widmen. Diese Art Hoffnung gleicht aber mehr dem Mentaltraining.

Vor einiger Zeit erzählte Claudia mir, dass sie sich über Jahrzehnte vorgestellt habe, wie es sein würde, wenn sie die Verantwortung in der Skischule abgegeben hat. Sie sprach davon, endlich die Vorweihnachtszeit genießen zu können. In ihren Gedanken entstand die Vorstellung verbunden mit der Hoffnung, wenn es mit der Tätigkeit in der Skischule vorbei ist, wird sie die zauberhafte Adventstimmung wahrnehmen. Viele Jahre gab sie sich dieser Hoffnung hin und malte sich die Vorweihnachtszeit in allen Farben aus. Was sie aber nicht merkte war, dass sie über diese vielen Jahre das Jetzt (in dem Fall den Advent) nicht sonderlich wahrgenommen, sondern durch ihre Gedanken an die Zukunft eben dorthin verschoben hatte.
Eines Abends, als Claudia bereits die Verantwortung unseres Betriebs abgegeben hatte, saßen wir beim Essen und sie sagte zu mir: »Es ist doch verhext! Über all die Jahre habe ich mir vorgestellt, wie herrlich die Weihnachtszeit sein wird, wenn ich nichts mehr mit dem Betrieb zu tun habe. Und heute sitze ich da und habe große Sorgen, weil der Gesundheitszustand meiner Eltern und die damit verbunden Gedanken mein Denken binden.«

Wenn wir die Fülle – zum Beispiel der wunderbaren Weihnachtszeit – bewusst erleben wollen, dann geht das nur, wenn wir das Schwere in unserem Leben bewusst annehmen, indem wir die Situation respektieren und dazu Ja sagen. Die damit verbunden Gedanken zulassen, ohne sie zu verurteilen.

Stimmt, das ist schwer, erfordert viel Übung, und selbst dann gelingt es nur selten. Und doch ist es die einzige Möglichkeit, für Sekunden oder Minuten die Eindrücke der wunderbaren Adventzeit mit der zauberhaften Weihnachtsbeleuchtung, dem warmen Punsch, der erwartungsvollen Stimmung und weihnachtlichen Musik mit allen Sinnen unbeeinflusst von Negativität wahrzunehmen. Und mit Übung werden aus den Sekunden Minuten und wir »ertragen dann beides«. Wir halten die Schwere in unserem Leben aus, nehmen aber auch die Fülle war. Wir leben im Jetzt. Um unser Mindset zu ändern, kann die Frage helfen: Kann ich gegen die Schwere im Moment etwas tun? Allein die Frage unterbricht das schwerwiegende Denken. Können wir nichts tun, versteht auch der Verstand das mit dem Aushalten.

Mit diesem Beispiel wird es verständlich, dass sich der Verstand bei falschem Gebrauch zerstörerisch auswirken kann, aber bei richtiger Anwendung ist er ein großartiges Instrument.

Hören wir auf, mit zu viel Hoffnung durchs Leben zu gehen, werden wir wieder unserem Weg folgen, wir spüren ihn. Wir können all die Hürden beseitigen, die mit zu viel Nachdenken einhergehen. Hören wir auf zu hoffen, dass es irgendwann in der Zukunft besser sein wird, beenden wir auch das Aufschieben, um später die gleiche Situation wieder zu erleben. Wir hören auf, auf unserer Denken hineinzufallen.

Auch wird es damit ein Ende haben, dass uns die Hoffnung glauben lässt, dass wir nach dem Erreichen von Zielen glücklicher sein werden. Diese Art zu denken stellt nur das Ego zufrieden.

Es mag absurd klingen, aber der Teil, der wir wirklich sind, braucht diese Art von Emotionen überhaupt nicht. Erkennen wir das, hören wir auf, mit dem ständigen Nachdenken Hoffnung zu schüren über Ziele, die diese Befriedigung hervorrufen. Die zur Verfügung stehende Zeit verwenden wir für konzentriertes Tun. Nur im Tun liegen der Erfolg und die Befriedigung. Aber ich weiß, die Hoffnung stirbt zuletzt.

Den Weg der Fremdbestimmung verlassen

Um Menschen zu entsprechen, habe ich mich bei ihnen angelehnt. So konnte ich zwar viele wunderbare Wege gehen, aber selten waren es meine eigenen. Unabhängig davon wessen Weg es war, er hat mich hierhergeführt. Jetzt habe ich die Wahl, welche Weggabelung ich nehme. Den Weg der Fülle oder den Weg der erreichten und nicht erreichten Ziele. Den Weg des Gewinnens und Verlierens oder den Weg der erfüllten Momente.
Mit Fülle meine ich, zu sich zu stehen, mutig seinen Weg zu gehen. Das erfordert, das Kind-Sein loszulassen. Aufzuhören, ungerechtfertigte Vorwürfe als gerechtfertigt anzusehen, nur um Frieden zu finden. Standhaft zu widerstehen, unsere Schwächen auf andere Menschen zu projizieren, auch wenn

das Verhalten dieser Menschen das vehement von uns einfordert. Fülle heißt, Herausforderndes anzunehmen, anstatt es schönzureden.

Fülle entsteht durch das Beseelen des Moments. Wer entgegenhält, er möchte reich sein an Titeln, an Bewunderung, an Geld, dem sage ich: »Wunderbar, aber bloß nicht abhängig werden von den Folgen des Tuns.« Wer sich in diese Abhängigkeit begibt, hat sich unbewusst für den fremdbestimmten Weg entschieden und wird früher oder später feststellen, dass dieser Weg keine Erfüllung bringt.

Ist Reichtum das Ziel, wird er mithilfe klarer Ziele und dem Füllen unseres Tuns mit unserer Großartigkeit erreicht. So entsteht neben dem emotionalen auch materieller Erfolg.

Das Rollenspiel beenden

Das mit dem Rollenspiel verbundene Mich-Verstellen war anstrengend und kostete viel Kraft. Authentisch durchs Leben zu gehen, fühlt sich viel besser an. Authentisch zu sein heißt nicht, zu jeder Zeit allem und jedem gegenüber völlig offen begegnen zu müssen. Eine gewisse Zurückhaltung als Selbstschutz ist gesund und natürlich.

Der schlechte Kontakt zu meinen Gefühlen, der Glaube, Erwartungen anderer erfüllen zu müssen, war anstrengend. Anpassen wider die Intuition ist mühsam, mehr sogar, es wird so in unserem Leben wenig zwanglose Freude geben.

All das war meinem Rollenspiel geschuldet. Das Rollenspiel habe ich deshalb aufrechterhalten, weil die Angst davor, abgelehnt zu werden und mich den Angriffen meiner Mitmenschen auszuliefern zu groß war. Ich habe meine Rolle sehr gut gespielt, denn als ich meine Freunde über mein Verhalten in Bezug auf Unsicherheiten befragte, bekam ich die Antwort, dass sie bei mir keine Verunsicherung feststellten. Sie fanden auch, dass ich authentisch und gefestigt durchs Leben gehe.

Das Rollenspiel war vom Irrglauben getragen, dass mein wahres Ich mit seinen Wünschen und Bedürfnissen eine bestehende Beziehung zu sehr belasten könnte. Aber das Gegenteil ist der Fall!

Gerade Authentizität macht eine Beziehung spannend und lebendig. Das Rollenspiel hingegen lässt Beziehungen erstarren und erstickt jedes Leben darin.

Zu starke Anpassung macht es schwer, aufrichtig zu sein. Ein Konflikt an sich. Wir müssen unsere Schutzreaktionen fallen lassen, um zu unseren Wünschen und unserer Meinung stehen zu können. Erst dann weiß unser Gegenüber, woran es mit uns ist. Respekt vor unserem Verhalten ist angesagt. Innehalten, durchatmen, hinsehen und fühlen, was uns zu dem aktuellen Verhalten bewegt. Ohne Bewertung, ohne Beurteilen, ohne es zu verdammen. Das bringt Frieden in unser Leben.

Wer nicht bereit ist, offen und ehrlich zu sich selbst zu sein, wer sein Verhalten schönredet und glaubt, dass es ja gar nicht so schlimm ist, dem wird der Weg versperrt bleiben.

Eigene Schutzstrategien erkennen

Lange Zeit dachte ich, Perfektionismus schütze mich vor Angriffen und beweise, dass ich allen Anforderungen gewachsen bin. Perfektionismus ist aber nur anstrengend und aufreibend. Deshalb braucht er auch ein Ventil. Das Ventil ist die Projektion. Durch das Projizieren meines Frustes auf andere verlor die Anstrengung an Wirkung.

Oft war meine Claudia der Sündenbock, ich machte sie für meine Lebensumstände verantwortlich. Sie musste viel aushalten, wenn ich wieder einmal ein Ventil brauchte. Ich habe dann das ganze Programm meiner negativen Schutzreaktionen ausgerollt.
Wird man grundlos angegriffen, ist der erste und natürliche Reflex, dass man sich wehrt. Mit meinen Angriffen Claudia gegenüber inszenierte ich

immer wieder sinnlosen Streit, nur weil ich meinen programmierten Schutzreaktionen erlegen war.

Das zu erkennen war ein wesentlicher Schritt. Bin ich heute in den reflexartigen Handlungen gefangen und sind Angriff und Streit im Moment die einzige Möglichkeit, gehe ich später, wenn ich wieder bei Sinnen bin, auf mein Verhalten ein. Claudia und ich machen das auch gemeinsam, was viel Größe von meiner Frau erfordert. Denn in der Regel war sie es, die unnötigerweise meine alten Verhaltensweisen abbekommen hat.

Will man Regeln brechen, muss man die Regeln kennen. Nur wenn uns die immer wiederkehrenden Reaktionen bewusst sind, können wir sie bearbeiten. Haben wir erkannt, was uns am glücklichen Leben hindert, wissen wir auch, dass dieses unnützliche alte Verhalten nicht mehr gebraucht wird.

Will ich davonlaufen, will ich mich verstecken, will ich angreifen und die Falschheit der handelnden Personen an den Pranger stellen, besinne ich mich heute meines Potenzials und gehe neue Wege. Es gelingt mir mehr und mehr, mein Verhalten zu beobachten, die aufkeimenden alten Verhaltensmuster zu erkennen und meine Reaktion zu ändern.

Alles was durch die Beobachtung wahrgenommen wird, lasse ich zu, dadurch steigen Lösungen empor, die meiner würdig sind. Unangenehmen Situationen auszuweichen, ebenso wie das Verkriechen und die Ablenkungen gehören der Vergangenheit an. Einen großen Schritt in der Entwicklung brachte das Erkennen, welche Gefühlslagen welche Reaktionen auslösen.

Alles was hier logisch und einfach erscheint, braucht Aufmerksamkeit und Disziplin. Es ist dabei völlig egal, ob die Veränderung gleich oder später passiert oder ob es zu Rückschlägen kommt. Wichtig ist, mit Disziplin weiterzuarbeiten und mit Zuversicht die Momente des Tuns mit Begeisterung zu füllen.

Der positive Blickwinkel lässt uns wachsen

Negatives sehen wir in der Regel zuerst. Der Fokus auf das Positive verändert das. Es gehört heute zu meinen Ritualen, mir bewusst zu machen, dass ich ein guter Mann bin. Mit mir gut umzugehen ist wichtig, mir selbst auf die Schulter zu klopfen, für das was ich gut gemacht habe, hebt die Stimmung.

Es ist falsch zu glauben, dass »Eigenlob stinkt«. Eigenlob macht uns unsere Kraft bewusst, reduziert Neidgefühle und Eifersucht, wir programmieren unser Verhalten positiv.

Wenn ich mich durch mein Denken positiv beeinflusse, hat das Negative keine Chance, weil unser Gehirn nur einen Gedanken fassen kann. Indem wir uns loben, durchbrechen wir das Negativdenken. Sich in Gesellschaft oder vor anderen selbst zu loben, befriedigt hingegen nur das Ego – diesen wesentlichen Unterschied dürfen wir nicht übersehen!

Sollte es schwer fallen, sich selbst zu loben, können wir es auch mit Dankbarkeit versuchen. Dankbar zu sein fühlt sich gut an. Dankbarkeit bei Dingen, die wir so selbstverständlich hinnehmen, schärft unsere positive Einstellung zum Leben. Die Übung, den Blick auf das Gute in unserem Leben zu richten, beendet das Gejammer um die eigenen Schwächen und Defizite.

Durch Eigenlob und Dankbarkeit fördern wir die Wertschätzung uns selbst gegenüber und wir können davon etwas abgeben.

Natürlich sehne ich mich danach, anerkannt zu werden, so wie wir das alle tun. Es ist ein Grundbedürfnis. Wird mir Anerkennung nicht in dem Maß zuteil, wie ich das gern hätte, drehe ich heute den Spieß um, anstatt mich beleidigt zurückzuziehen: ich spende Lob, anstatt passiv darauf zu warten, bis ich es von anderen erhalte. Ich begegne meinem Umfeld mit Wertschätzung, anstatt darauf zu warten, selbst Wertschätzung zu bekommen. Je mehr man gibt, desto mehr bekommt man zurück. Das gilt nicht nur für Lob, Wertschätzung und Anerkennung.

Wer mit sich und seinen Mitmenschen gut umgeht, wer sie wertfrei betrachtet und sie sein lässt und sie akzeptiert, wie sie sind, tut im Grunde das, was wir alle uns für uns selbst wünschen. Was wir geben, bekommen wir zurück.

Annehmen

Verdrängen

Eine Frage, die mich lange Zeit beschäftigte, war: wie konnte es passieren, dass ich meine Lebensfreude verlor? Wie war das möglich, dass ich völlig ausbrannte, genau zu einer Zeit, wo ich alle Kriterien für Erfolg und Glück erfüllte?

Geschuldet war dieser Zustand dem Verdrängen meiner tatsächlichen Bedürfnisse, nur um dem Leben gerecht zu werden, nur um zurechtzukommen.

Verdrängen ist ein durchaus übliches Konzept, mit dem Leben zurechtzukommen, denn wären wir uns all der schrecklichen Dinge, die auf dieser Welt passieren, inklusive unserer eigenen Angreifbarkeit und Sterblichkeit permanent bewusst, überkäme uns eine übermächtige Angst und unsere Handlungsfähigkeit wäre eingeschränkt oder gar außer Kraft gesetzt.

Verdrängen haben wir von klein auf gelernt. Dinge, die wir nicht wahrhaben wollten, verdrängten wir. Schutzstrategien entstanden mit dem Ziel, das Unfassbare auszuhalten. So entstanden Verhaltensweisen wie das Helfersyndrom, Macht- und Perfektionsstreben, Harmoniestreben usw. – allesamt Gehilfen der Verdrängung.

Denken wir beispielsweise an einen gesellschaftlich einflussreichen Menschen, der seine Ohnmachtsgefühle mithilfe überhöhten Machtstrebens verdrängt. Diese Macht loszulassen, fällt diesen Menschen schwer, sie klammern sich an Aufgaben, von denen sie glauben, dass sie niemand jemals besser machen kann als sie selbst. Fällt die Macht weg, ist das Ausmaß von Frust traumatisierend. Die Macht aufrecht zu erhalten, kostet enorme Kraft und nötigt den Betroffenen, weiterhin die Strategie des Verdrängens aufrechtzuhalten. Irgendwann wird dann die Sinnfrage gestellt, die Kraft verlässt sie und alles bricht zusammen.

Solange wir unsere höchst persönlichen Probleme verdrängen, bleiben sie unbearbeitet. Verdrängen wir über einen längeren Zeitraum, führt das zu einer Anhäufung ungelöster Fälle. Treten eines oder mehrere der verdrängten Probleme gleichzeitig ans Tageslicht, bleiben uns nur zwei Möglichkeiten: wir stellen uns dem Verdrängten und lösen es, oder wir wenden weiterhin Schutzstrategien an. Strategien wie Rückzug, Selbstmitleid, Alkohol oder Drogen usw. All diese Schutzstrategien führen auf Dauer zur Erschöpfung bis hin zum Burn-out.

Um mit dem Verdrängen Schluss zu machen, ist es unerlässlich, die Gefühle, die wir permanent zu verdrängen versuchen, zuzulassen. Beobachten, was sie uns sagen wollen. Die Stärke aufbringen, dass es genau in diesem Moment so sein soll wie es ist. Nicht zu fragen, ob uns das passt.

Mit dem immer wiederkehrenden bewertungsfreien Annehmen aktivieren wir automatisch die Intuition. So können wie aus dem Nichts Gedanken auftauchen, die uns helfen, Verdrängtes an die Oberfläche zu bringen und durch Taten aufzulösen.

Schmerz zulassen

Schmerz gibt es auf unterschiedlichen Ebenen. Körperlicher Schmerz fordert in unangenehmer Weise Aufmerksamkeit ein. Er bindet unentwegt das Denken. Seelischer Schmerz hingegen ist selten in dieser Deutlichkeit erkennbar. Er wirkt schleichend im Untergrund und manifestiert sich durch latente Unzufriedenheit bis hin zu völliger Erschöpfung. Um dagegen zu wirken, müssen wir den seelischen Schmerz zuallererst erkennen. Die Bereitschaft, diesem Schmerz unvoreingenommen gegenüberzutreten bringt Heilung.

Schmerz will uns etwas sagen. Das kann er nur, wenn wir ihn gewähren lassen. Der seelische Schmerz erinnert uns an die missliche Lage, in der wir uns befinden. Das führt zu einem Teufelskreis im Denken, wir hassen die mit dem

Schmerz einhergehende Situation und verstärken ihn dadurch. Seelischer Schmerz zieht Selbstmitleid, Zorn, auch Hass nach sich – all das verursacht Spannungen, sogar körperlichen Schmerz, wie Kopfweh oder Rückenprobleme. Dazu kommt noch, dass er das Ego in Aufruhr bringt. Es stellt sich permanent die Frage, was diese unangenehme Situation bringen soll. Da es keine Antwort bekommt, nährt es den Schmerz mit weiterem negativen Denken, und deshalb ändert sich auch nichts.

Weil unser Ego kein Interesse hat, sich der Herausforderung zu stellen, sucht es oft nach Sündenböcken, die es für den Zustand verantwortlich macht. Um eine Veränderung herbeizuführen, müssen wir das Ungleichgewicht unserer Seele wiederherstellen.

So schwer es auch ist: die einzige Möglichkeit, zu den Ursachen seelischer Beschwerden durchzudringen, ist es, die momentane Situation anzunehmen. Zorn oder Aggressivität, sich wie ein kleines Kind zu verhalten usw., dienen lediglich der Befriedigung des Egos und tragen nicht zur Lösung bei. Es bedarf eines klaren Entschlusses für eine Veränderung.

Der Entschluss etwas zu ändern, sollte mit dem Bewusstsein gefasst werden, dass kein anderer Mensch in der Lage ist, es für uns zu machen. Gespräche wie zum Beispiel mit Freunden, Familie und Therapeuten bewirken einen Wechsel des Blickwinkels. Neue Wege werden sichtbar. Aber gehen müssen wir diese Wege allein.

Wir müssen nicht alles verstehen!

Meiner Weiterentwicklung kam besonders zugute, dass ich irgendwann damit aufhörte, alles verstehen zu wollen. Allein der Wunsch es zu verstehen, übertrug sich in der Sekunde auf meinen Verstand und er begann selbstständig zu denken. Selbst dann, wenn ich Ruhe brauchte, wollte er nichts davon wissen. Darum ist es einerseits wichtig, den Verstand gewähren zu lassen, damit er nicht zu hysterisch wird, aber gleichzeitig darauf zu achten, sein selbstständiges Denken nicht zu beurteilen. So nimmt der Kreislauf ein Ende, immer wieder weitere, in den meisten Fällen belastende Gedanken zu erschaffen.

Annehmen bedeutet, es nicht verstehen zu müssen. Annehmen bedeutet auch, auf jegliche Bewertungen zu verzichten. Es ist einfach so, wie es ist – und fertig. Hinterfragen führt zu nichts.

Mit der wertfreien Beobachtung der Gedanken beruhigte sich mein Verstand, die damit einhergehende Entspannung brachte positive Energie in mein Leben und öffnete mehr und mehr den Kanal zu meinem Unterbewusstsein. Das wiederum unterbrach das unbeeinflusste Denken.

Mit dem Zugang zu der Quelle des Universums werden Dinge möglich, die sich der Verstand nicht vorstellen kann, es wird seine Überzeugung unterbrochen, dass es nur ihn gibt. Denn diese Fehlannahme ist der Auslöser für Angst und Konflikte ohne Ende und führt zu diesem zwanghaften Denken und den dazugehörigen Reaktionen, mit denen ich mich letztendlich auseinanderzusetzen hatte.

Durch diese Unbewusstheit war ich lange Zeit davon überzeugt, dass meine Reaktionen auf das Verhalten des Generalsekretärs gerechtfertigt waren, mehr noch, ich glaubte, sie seien sogar angemessen. Aber offen gesagt waren sie das nicht.

Wenn der Lärm rund um das Denken zu stark ist, können wir keine Stille und innere Ruhe finden. Mit jedem unselbstständigen Gedanken suggerieren wir dem Ego, dass es das Sagen hat. Das verhindert den Zugriff auf die vorhandene Fülle, die uns immer umgibt.

Diese Tatsache war in meinem Fall maßgeblich dafür verantwortlich, dass ich trotz der Erfüllung der gängigen Kriterien für Glück immer wieder am Boden zerstört war. Natürlich ist es sehr schade, über eine so lange Zeit mein privilegiertes Leben nicht als solches wahrgenommen zu haben.

Rückblickend frage ich mich auch: Was habe ich mir dabei gedacht, meinem Ego so viel Macht zu geben? Was sollte es bringen, unzählige Konzepte zu erstellen, nur um zu genügen? Was sollte es bringen, immer wieder Realitäten zu schaffen, die jede wahre Beziehung zu mir selbst und zur universellen Quelle verhindern? In der ersten Betrachtung hat es nichts gebracht. Sehe ich aber genauer hin, so waren diese Erfahrungen der Vergangenheit maßgeblich verantwortlich, um die jetzige Entwicklung einzuleiten.

All diese Erfahrungen haben mich dazu motiviert, mich intensiv mit meinem Leben zu beschäftigen. Ich erlangte die Erkenntnis, dass ich in all den Jahren nur selten meinen Verstand benutzt habe. Mehr noch, ich habe ihn im Grunde gar nicht benutzt, sondern er hat mich benutzt. Wenn ich also heute den Verstand in meinem Sinn nutze, birgt das die Logik in sich, dass ich mich von den erdachten, unangenehmen Gefühlen befreien kann.

Wie so oft im Leben ist es auch in diesem Fall sehr viel leichter gesagt als getan, den Verstand unter unsere Kontrolle zu bringen, denn seit Beginn unseres Denkens hat der Verstand von uns, bewusst oder unbewusst, die Freiheit bekommen, selbstständig zu denken und zu urteilen. Und weil wir wissen wie schwer es ist, eingefahrene Verhaltensweisen zu ändern, blieb auch bei mir lange Zeit der Gedanke bestehen, wie schön es wäre, ein Konzept zu finden, wie ich auf Kommando den Verstand anweisen könnte, mir dienlich zu sein.

Es ist Zeit, erwachsen zu werden

Unselbstständiges Denken schafft blitzschnell ungute Gefühle. Wenn vermeintlich harmlose, aber doch kritische Situationen blitzschnell unangenehme Gefühle – kombiniert mit unangebrachten Verhaltensweisen – auslösen, könnten der Grund Erfahrungen sein, die wir als Kind nicht verstanden haben und somit auch nicht verarbeiten konnten.

Mit der Gesprächsverweigerung des damaligen ÖSV-Generalsekretärs wurde bei mir so eine Erfahrung aktiviert. Zu meinem Schutz entschied ich, dass »so ein Menschen« in meiner Nähe nichts mehr verloren hat und ich auch nicht mehr mit »so jemandem« zusammenarbeiten möchte. Diese Entscheidung machte eine emotionslose Klärung der Situation unmöglich. Um dem unguten Gefühl auszuweichen, schien die einzige Option, alles hinzuwerfen. Da ich aus meiner Sicht das Opfer war, war ich überzeugt, ich hätte keine Schuld am Geschehen.

Beurteile ich mein Verhalten heute, war es ein typisches Verhalten meines Egos. Hätte ich von den Prägungen durch Jugenderfahrungen gewusst, hätte ich aller Wahrscheinlichkeit nach die Auslöser erkannt und es wäre vermutlich nie in dieser Form zu tiefgehender Kränkung und Wut gekommen.

Diese Betrachtung machte mir bewusst, dass Trigger im Zusammenhang mit Begegnungen mit Menschen blitzschnell Gefühle auslösen können, die uns gefangen nehmen und unser Denken und Handeln steuern. Wir können nichts dagegen tun, weil wir keine Ahnung haben, dass die Situation mit Erfahrungen zu tun hat, die längst vorbei sind.

Aber ohne den Einfluss der durch Trigger hervorgerufenen Emotionen frage ich mich heute: Was sollten mein Verhalten, diese Wut, diese Enttäuschung? Unterm Strich habe ich mir nur selbst etwas angetan. Wunderbare Lebenszeit wurde ohne Sinn verbraucht.

Wenn Gefühle wie Trauer – aufgrund des Todes eines geliebten Menschen – oder Wut – aufgrund einer realen Ungerechtigkeit – entstehen, dann sind diese Gefühle real. Sie haben nichts mit Erfahrungen aus der Vergangenheit zu tun. In so einem Fall müssen wir den Schmerz bewältigen. Wir sind einfach traurig, wenn ein Freund stirbt. Wir sind einfach wütend, wenn im Moment unseres Tuns etwas schief geht. Wir sind einfach gekränkt, wenn wir belogen werden.

Bei solchen aktuellen Ereignissen entsteht in unserem Denken keine Verwicklung mit Zeit und mit anderen Menschen. Es gibt keinen Grund, erstaunt zu sein, weil wir traurig, wütend oder gekränkt reagieren –, weil es einen aktuellen Grund gibt.

Bei Ereignissen, die in der Vergangenheit liegen, lässt uns unser Verstand lediglich glauben, dass wir ein Problem haben. Wir erdenken uns das emotionale Desaster, und damit es sich auch möglichst real anfühlt, hilft der Verstand mit Argumenten nach. »Du musst doch bei einer fabelhaften Golfwoche in Dubai sauer sein, weil dir ein Mann vor ein paar Jahren keinen Termin gegeben hat.« Wenn ich diese Aussage jetzt betrachte, sehe ich in meinem Verhalten einmal mehr den Widersinn.

Aus dem Bewusstsein eines Erwachsenen wissen wir, dass es für jedes Problem eine Lösung gibt. Hinsehen, annehmen, das Denken kontrollieren und spüren, was als nächstes zu tun ist – darin liegt die Lösung.

Die Intuition wird den Weg weisen, was zu tun ist. Es ist aber Vorsicht geboten, der Verstand wird alles daransetzen, recht zu behalten oder seinen Platz unter der Trauerweide verteidigen, indem er schlüssige Argumente bringt, nicht der Intuition zu folgen.

Tun wir es dennoch, wird sich die Situation klären. Folgen wir der Intuition nicht, legen wir eine weitere Schlacke auf unserer Seele ab. Der Druck auf der Seele wird so irgendwann – meistens dann, wenn man es am wenigsten erwartet – übergroß und nicht mehr zu bewältigen sein. Wir brechen zusammen. Depression, Krankheit, Lustlosigkeit, Selbstmitleid usw. sind mögliche Folgen.

Derselbe Verstand, der die Lösung verhinderte, wird sagen, er habe immer gewusst, dass man anders agieren hätte sollen. Er wird dann sagen: »Hätten wir doch die Situation entsprechend unserer damaligen Intuition geregelt«. Aber es gibt keinen Grund zur Sorge. Mit dem Annehmen der Probleme, die wir zum Beispiel mit anderen Menschen haben, mit einem Gespräch, kommt Ruhe in unser Leben und wir erkennen die Lösung. Wir wissen was zu tun ist. Tun müssen wir es aber selbst.

Die Ausrede, keine Zeit zu haben, ist unangebracht. Es geht um Prioritäten, die wir setzen. So wie wir bei der Arbeit Prioritäten setzen, sollten wir auch mit unseren Grundbedürfnissen umgehen und ihnen entsprechend Zeit einräumen. Es geht um Aufmerksamkeit.

Es ist Zeit, die Vergangenheit loszulassen und es mag verrückt klingen, wenn ich im Alter von über 60 Jahren sage, dass es Zeit ist für mich, erwachsen zu werden.

Als Erwachsene haben wir für die unterschiedlichsten Situationen logische Erklärungen und Argumente. Argumente sind ein tragendes Gerüst, mit dem wir uns stärken und Sicherheit finden. Je mehr wir die Argumentation üben, umso stärker wechseln wir hin zum Erwachsenen. Das Beobachten der Gedanken hilft.

Kommen bei mir heute Gedanken wie zum Beispiel ich sei nichts wert oder ich hätte Angst, so lasse ich diese Gedanken ohne Bewertung zu und beginne mit mir einen Dialog. Ich starte mit der Frage, warum ich glaube, nichts wert zu sein oder Angst zu haben. So mache ich mir erstens den Gedanken bewusst und schaffe zugleich Abstand zwischen dem denkenden System und dem, der ich wirklich bin.

Gerade unter hoher Belastung habe ich immer wieder gegen mich gekämpft. Ich verschwendete meine Zeit mit Nachdenken. Zeit, die ich dazu verwenden hätte können, um die Fülle des Lebens zu spüren. Es ist sinnlos, im Denken zu verharren. Es kostet nur Kraft. Sich selbst anzunehmen, so wie man ist, fördert das persönliche Wachstum. Das bedeutet nicht etwa, resignierend hinzunehmen, »dass man nun einmal so ist, wie man ist«. Im Gegenteil. Wir sollten unsere Interessen und unsere persönliche Meinung besonnen aber bestimmt kundtun. Die Welt braucht keine Jasager.

Betrachten wir eine Erfahrung wertfrei, so ist es eben nur eine Erfahrung. Nichts weiter. Gut oder schlecht wird sie durch die Energie unseres Denkens. Es kommt darauf an, ob wir die Erfahrung mit unserem Hass oder unserer Freude nähren. Unterm Strich ist es so, wie es ist. Mit dem Annehmen hören wir auf, uns zu betrügen, und aufkommende negative Gefühle uns selbst gegenüber verschwinden. Die Gefühlswelt, egal ob gut oder schlecht, gehört momentan zu uns, und indem wir das annehmen und damit aufhören, Gefühle zu verdrängen, tritt Erleichterung ein. Das bedeutet Freiheit!

Das Annehmen von Situationen stärkt uns und lässt uns auch Begrenzungen erkennen. Wir können dann noch besser an uns arbeiten. Gerade wenn wir wissen, wo das Manko liegt, ist es leichter, die Aufmerksamkeit auf die Änderung zu richten. Wir beginnen, uns zu akzeptieren.

Kommen bei mir negative Gefühle wie Angst, Wut oder Trauer auf, sage ich heute: »Ja, so ist es Hubert, das halten wir jetzt aus.« Es hilft mir, das Unabänderliche noch besser anzunehmen, wenn ich zusätzlich seufzend ausatme, während ich diesen Satz ausspreche. Damit signalisiere ich dem verletzten Teil in mir, dass er willkommen ist und gehört wird. Er muss mich dann nicht mit aller Gewalt weiterhin zwingen, auf ihn zu hören.

Helfersyndrom

Nicht selten ist es in der Vergangenheit vorgekommen, dass ich geholfen habe, um mich gut zu fühlen, oder dass ich Menschen helfen wollte, denen überhaupt nicht zu helfen war, weil die das auch gar nicht wollen. Es ist ein schmaler Grat vom Opfer zum Täter. Wer braucht Hilfe, und wer nicht, und wem will ich aus völlig ungesunden Motiven heraus helfen?

Es ist anmaßend, sich ungefragt in Systeme anderer Menschen einzumischen. Wir machen damit den anderen klein. Wir wollen ihn an uns binden, um ihn unter Kontrolle zu haben, zu dominieren. Das gilt auch für das familiäre Umfeld. Hilft man, um sich als Held und wichtig zu fühlen, sollte man die Hilfe anderen überlassen. Hat jemand körperliche Beschwerden, kann man ihn unterstützen, indem man Hilfsdienste für ihn erledigt. Ist jemand psychisch angeschlagen, können wir mit Worten trösten. Das immer unter dem Aspekt, dass der andere das auch will.

Wir sind möglicherweise in der Lage, mit einem Gespräch den Blickwinkel des Betroffenen zu wechseln, und das kann hilfreich sein. Aber bei allen Bemühungen, den anderen zu unterstützen, wieder seinen Weg zu finden, muss klar sein: ändern kann der- oder diejenige die Situation nur selbst, indem er/sie dafür etwas tut. Übernehmen wir für unsere eigene Misere die Verantwortung, dann werden auch die guten Ratschläge helfen.

Nicht selten knüpfen wir, bewusst oder unbewusst, auch noch Erwartungen an unser Tun. Behandelt man uns trotz der Hilfe schlecht, kommt es zu Enttäuschungen. Die meisten von uns haben das wahrscheinlich schon erlebt: wir haben geholfen, unsere Hilfe wurde zurückgewiesen oder nicht gewürdigt. Wir waren verletzt, weil die eigenen Bedürfnisse nach Aufmerksamkeit zu kurz gekommen sind. Weil wir das nicht wahr haben wollten, kämpfen wir weiter in der Hoffnung, dass sich unser Gegenüber ändert und uns besser behandelt.

Erkennen wir den Unterschied zwischen notwendiger und ungesunder Hilfe, werden wir aufhören, ungefragt jedem zu Hilfe zu eilen. Dieser Schritt zur Seite, weg vom ungefragten Helfen-Wollen, ist ein wichtiger Schritt, uns selbst zu helfen und den Unterschied zu erkennen zwischen gesunder und ungesunder Hilfsbereitschaft.

Als Pilot weiß ich, dass es bei Druckabfall in einem Flugzeug die erste Regel ist, sich selbst die Sauerstoffmaske anzulegen, damit man anderen helfen kann. Denn nur wenn man selbst genug Luft zum Atmen hat, kann man für Mitreisende da sein.

Für mich hat die Zeit der Reflexion hervorgebracht, dass ich mich keinesfalls für andere aufopfern muss, um meinen Wert zu steigern. Ich kümmere mich heute ausreichend darum, dass meine Bedürfnisse erfüllt werden und ich mir selbst Beachtung schenke. Um Gutes tun zu können, müssen wir für uns selbst da sein.

Bettina, eine gute Freundin, hat einmal gemeint: »Kümmere dich um deinen Garten, pflege ihn und sieh zu, dass er herrliche Blumen hat. Hat der Nachbar Unkraut in seinem Garten, so akzeptiere das und misch dich nicht in seine Angelegenheiten ein – es sei denn, du wirst gefragt.« Würde uns jemand sagen, wie schlecht wir unsere Sache machen, so wissen wir, wie wir reagieren würden. Wir würden uns von dem Menschen abwenden, der uns bezichtigt, nicht auf unseren Garten zu achten. Wir wären irritiert, beleidigt oder würden uns verteidigen. Weil wir der Meinung sind: so wie wir es machen, ist es gut. Dass so eine Geisteshaltung die Möglichkeit eines konstruktiven Gespräches zerstört, liegt auf der Hand, nicht wahr?

Werden wir angegriffen, hören wir in der Regel nicht mehr zu. Denn noch während unser Gegenüber spricht, bauen wir eine Verteidigungsstrategie auf. Wir beziehen eine Position, die mit allen Mitteln verteidigt wird. Um Recht zu behalten, wählen wir den Angriff und projizieren unsere eigenen Fehler auf den anderen.

Erst wenn wir erkennen, dass nicht das Gegenüber Schuld hat an der Eskalation der Situation, wird Schluss sein mit diesem Verhalten. Selbst dann, wenn es völlig offensichtlich ist, dass die Schuld beim Gegenüber liegt.

Enttäuschen ist erlaubt

Eines ist fix, wir dürfen enttäuschen. Ist man sich dieser Tatsache bewusst, gilt es, für sich selbst festzulegen, was richtig und was falsch ist. So werden getroffene Entscheidung aufgrund von Unsicherheit nicht gleich wieder in Frage gestellt.

Es ist mir heute egal, ob meine Entscheidungen von außen Bestätigung finden, solange ich weiß, dass sie meiner Intuition entsprechen. Also warum sich nicht generell auf diese Intuition verlassen? Wohlüberlegt getroffene, von der Intuition begleitete Entscheidungen brauchen nicht hinterfragt zu werden.

Stellt sich heraus, dass es gleich oder später eine noch bessere Entscheidung zu treffen gibt, dann treffe ich sie, so lange, bis sich alle getroffenen Entscheidungen mit meinem Lebensweg bzw. meinem jeweiligen Ziel decken. So bin ich immer auf dem richtigen Weg. Verlassen wird dieser alltägliche Weg dann, wenn ich durch mein Angstdenken wirr im Kopf werde.

Bleibe ich mir treu, höre ich auf, gegen mich zu handeln. Sind Menschen in meinem Umfeld anderer Meinung, weiß ich, dass es ihre Meinung ist – und nicht meine.

Es führt zur Abhängigkeit, wenn wir aufgrund von Angst eine falsche Entscheidung treffen, diese delegieren oder abwälzen. Diese Abhängigkeit aufzugeben, ermöglicht es uns, das mögliche Scheitern zu bewältigen. Richten wir den Fokus auf das Jetzt und tun wir, was zu tun ist, wird nach einiger Zeit ohnedies alles wieder gut sein.

Die Möglichkeit zu scheitern sollte uns nicht davon abhalten, das Nötige zu tun. Scheitern gehört zum Leben. Die Wahrheit ist, dass wir durch das Scheitern erst richtig gut werden. Es schärft den Fokus für das Wesentliche. Durch Fehler entwickeln wir uns weiter. Wirklicher Misserfolg wäre, etwas aus Angst vor dem Scheitern gar nicht erst zu versuchen. Solange alles gut läuft, gibt es keinen Grund, über sich nachzudenken und etwas zu verändern. Wenn es nicht gut läuft, ist der Nährboden für Angst da. Angst davor, dass sich die Situation zum Schlechteren verändern könnte.

Was kann schon passieren, wenn wir mutige Entscheidungen treffen, auch wenn sich diese – gleich oder später – als falsch herausstellen? Nichts wird passieren. Und außerdem sollten wir uns vor Augen halten, dass kein vernünftig denkender Mensch bewusst eine falsche Entscheidung trifft. So ist die Entscheidung in dem Moment, wo wir sie treffen, immer richtig. Es gibt im Grunde kein Richtig und Falsch, sondern wir treffen »nur« eine Entscheidung.

Und wer sagt, dass wir uns nicht täuschen dürfen? Vor wem sollen wir uns schämen?

Es gibt keinen Grund, sich vor Fehlern zu fürchten. Wir lernen durch unsere Fehler. Nur wer etwas tut, kann »Fehler« machen.

Auch ein Fehler ist nur ein Ereignis. Durch die Bewertung unserer Gedanken wird er als schlecht eingestuft. Wenn wir wertfrei auf gemachte Fehler blicken, werden wir erkennen, dass uns jeder davon weitergebracht hat, und das sollten wir nicht vergessen.

Wir sind für unser Lebensglück verantwortlich, dieses Mantra hilft, aus dem Kindheits-Modus auszusteigen. Wir sind nicht auf der Welt, um der Welt und unseren Mitmenschen zu gefallen. Jede Erfahrung, ob gut oder schlecht, lässt uns wachsen, bringt uns weiter. Wir können uns nicht verlaufen. Aber wenn wir stehen bleiben, kommen wir nirgendwo hin.

Projektion erkennen und verstehen

Projektion ist jene Schutzreaktion, die uns davor bewahrt, die eigenen Herausforderungen nicht annehmen zu müssen. Die uns vermeintlich vor dem Scheitern bewahrt.

Bei der Projektion geschieht unter anderem Folgendes:

Ich unterstelle meinem Gegenüber, dass es enttäuscht sein wird, wenn ich einer Bitte von ihm nicht entspreche. Damit es erst gar nicht zu dieser Enttäuschung kommt, erfülle ich – entgegen meiner Intuition – diese Bitte. So stelle ich mich nur aufgrund meiner Vermutung (er oder sie wird enttäuscht sein!) an die zweite Stelle und handle entgegen meiner Überzeugung. Mir ist das passiert, als ich das Angebot bekam, die Geschäftsführung der Österreichischen Sporthilfe zu übernehmen.

Eines Tages rief mich der Präsident des Olympischen Komitees an, ob ich Interesse an dieser Position hätte. Ich sagte Nein, weil meine Intuition dies genau im Moment der Frage klar angezeigt hatte. Alles in mir war auf Nein. Es lag zu diesem Zeitpunkt eine sehr intensive Arbeitsphase hinter mir und alles, was ich zu diesem Zeitpunkt brauchte, war eine Pause. 14 Tage später kam erneut ein Anruf, dieses Mal vom damaligen Sportstaatsekretär, der mir abermals die Geschäftsführung der Österreichischen Sporthilfe anbot. Ich hatte intuitiv das gleiche Gefühl, nämlich es nicht zu tun. Also sagte ich Nein.

Vier Wochen später ein weiterer Anruf, dieses Mal vom Bundeskanzler. Da habe ich dann Ja gesagt, weil es eben zu jener Situation kam, die ich vorhin beschrieben habe: Ich habe in seinen Kopf die Enttäuschung hineininterpretiert, die sich zwangsläufig einstellen würde, wenn ich Nein sage. In meinen Kopf implantierte ich mögliche Nachteile, wenn ich dem ersten Mann im Staat eine Absage erteile. Also sagte ich Ja, obwohl ich Nein meinte.

Mit jedem Mal, wo wir entgegen unserer Intuition handeln – nicht Nein sagen, wenn wir Nein meinen – häufen sich Schlacken auf unserer Seele an. Das können wir vermeiden, indem wir entsprechend unserer Intuition handeln.

Hat jemand mit einem Nein ein Problem, so können wir sicher sein, dass es nicht unser Problem ist, sondern das des Gegenübers. Auch dem Irrglauben zu verfallen, bei einem Nein Nachteile zu haben oder gar aus der Gesellschaft ausgeschlossen zu werden, ist ohne Sinn.

Es ist hilfreich, sich vor Augen zu halten, mit welchem Recht der Bittsteller verärgert oder enttäuscht sein sollte. Wir brauchen uns nicht damit auseinanderzusetzen, welche Meinung andere zu unserer Entscheidung haben. Es ist anmaßend, wenn jemand versucht, uns ein schlechtes Gewissen zu machen, nur weil wir Nein sagen. Ist das dennoch der Fall, hilft eine einfache Antwort: »Mit mir bitte anders«.

Es wirkt Wunder, Nein zu sagen, wenn man Nein meint. Es nährt unsere Selbstachtung, wir schärfen unsere Intuition, und je öfter wir das tun, desto mehr können wir uns auf sie verlassen.
Es ist aber genauso sinnlos, entgegen unserer Intuition Nein zu sagen, wie entgegen unserer Intuition Ja zu sagen, nur weil unser Ego aufgrund alter Verletzungen beleidigt ist!

Wir wenden Projektion also unbewusst an, um uns vor Herausforderungen zu bewahren. So unterstellen wir unserem Gegenüber, enttäuscht zu sein, lesen aus dem Verhalten des anderen Ablehnung, Desinteresse oder mangelnden Respekt heraus – all das weil unser selbstständig denkender Verstand seine Glaubenssätze genährt sieht. Bei einigen Menschen konnte ich das Gefühl nicht loswerden, dass sie mein Erfolg störte, er ihnen missfällt und sie glaubten, meine Leistungen hätten etwas mit Glück zu tun.

Als offizielle Vertreter meines Heimatortes ihre Freude zum Ausdruck brachten, dass endlich die »One-Man-Show vom Neuper« am Kulm vorbei sei, nagte das an mir.

Neid sagt uns, dass wir gerne hätten was der andere hat. Bleiben diese Gedanken unreflektiert, sind sie die Grundlage von Neid und Missgunst.

Aus der Sicht des neiderfüllten Menschen hat die beneidete Person Glück und Erfolg, und sie selbst hat das ungerechterweise nicht.

Anstatt sich zu fragen, was zu tun ist, um dasselbe auch zu bekommen, worum wir den anderen beneiden, projizieren wir das eigene Unvermögen auf den Erfolgreichen.

Neid ist kein schönes Gefühl. Neid ist Projektion.

Der Jetzt-Modus

Das Aufschieben von Aufgaben führt zu einem Übermaß an Dingen, die zu tun sind. Stress und Unlust sind die Folgen. Um dem entgegenzuwirken, gilt es, einmal herauszufinden, warum es so schwerfällt, gewisse Dinge einfach zu erledigen.

In meinem Fall war das Verhalten dadurch begründet, dass ich nur über zukünftige Projekte nachgedacht habe, ohne sie einfach in Angriff zu nehmen. Durch das Nachdenken entstand eine Kettenreaktion an absurden Gedanken, die mich veranlassten, die Sinnfrage zu stellen, die mir Angst machten und mich vom Tun abhielten. An den Haaren herbeigezogene Gedanken, die aufzeigten was alles schiefgehen könnte.

Obwohl wir wissen, dass es Aufgaben gibt, die herausfordernd sind, entscheiden wir uns immer wieder, diese lieber auf später zu verschieben. Wir sollten uns von dieser Handlungs- und Denkweise verabschieden, denn zur Lösung beitragen wird nur das Tun. Wenn wir das erkannt haben, können wir die Angst und den damit verbunden Selbstschutz loslassen.

Stelle ich fest, dass es unangenehme Aufgaben zu erledigen gibt, um Ziele zu erreichen, dann erledige ich diese Aufgaben heute mit meiner ganzen Aufmerksamkeit und zum erstmöglichen Zeitpunkt. Allein der Fokus auf die Aufgabe fördert schon den Veränderungsprozess. Ich nehme mir für jede Aufgabe viel Zeit, bin gegenwärtig und gehe Schritt für Schritt vor. Damit dieses Verhalten gefestigt wird, übe ich das bei jeder Gelegenheit ohne Krampf und ohne Zwang. Gelingt es mir, freue ich mich, gelingt es nicht, weiß ich, dass es beim nächsten Mal funktionieren wird. Das nimmt den Druck aus der Sache.

Stehen mehrere Aufgaben an oder sind sie zu groß oder zu viele, um sie auf einmal zu erledigen, stecke ich mir Zwischenziele und setze Prioritäten bei der Erledigung.

Beim Definieren von Zielen ist gut darauf zu achten, dass sie erreichbar sind. Realistische Ziele fördern die Motivation und lassen uns beim Erreichen gern weitermachen. Unrealistische Ziele bringen uns mit großer Wahrscheinlichkeit zum Aufgeben.

Will man abnehmen, ist es besser, die notwendigen 2000 Kalorien, die für die Aufrechterhaltung der lebenswichtigen Funktionen gebraucht werden, auf 1500 pro Tag zu reduzieren, anstatt sich vorzunehmen, fünf Kilo in einer Woche abzunehmen.

Auch das Motiv ist von Bedeutung. Um beim Abnehm-Beispiel zu bleiben: es ist besser, wenn wir abnehmen wollen, um uns wohlzufühlen und nicht, um anderen zu gefallen. Sorgen wir in der Zeit der Reduzierung von Nahrung zusätzlich für körperliche Ertüchtigung, entsteht Wohlbefinden gepaart mit Selbstachtung, und all das motiviert zum Weitermachen.

Sich realistische Ziele zu setzen, einen Plan zu haben und diesen mit Disziplin abzuarbeiten, motiviert auch den Verstand, sich an dem Vorhaben zu beteiligen. Entscheidend ist das konsequente, bewusste Tun verbunden mit einem erreichbaren klaren Ziel. So wird ohne Zwang das Neue das Alte ersetzen und neues Verhalten wird automatisiert.

Bewusstheit macht unser Energiefeld erkennbar, man wird auf uns aufmerksam und wir nehmen das Leben im Moment wahr. Die Schwingungsfrequenz bewirkt, dass sich Unbewusstheit, Negativität, Gewalt und Missgunst auflösen, das Leben nimmt Fahrt auf.

Aus Unzufriedenheit wird Zufriedenheit, aus Be- und Verurteilungen werden Liebe und Respekt. Unbehagen, Anspannung, Langeweile oder Nervosität gehören der Vergangenheit an. Alles geschieht automatisch ab dem Moment, wo wir beginnen, in kleinen Dosen auf unser Bewusstsein zu achten.

Die Frage »Wie geht es dir gerade jetzt?« hält uns in der Spur.

Baldur Preiml (und: danke!)

Mein damaliger Skisprung-Trainer und Mentor Baldur Preiml fragte mich eines Tages, was ich denke, dass ich tun müsste, um Weltklasse im Skispringen zu werden. »Ich muss hart und fleißig trainieren, mehr als die anderen …«, antwortete ich. »Aber was passiert, wenn alle auf der Welt hart und fleißig trainieren?«, antwortete er und fügte hinzu, dass die Kapazität des Körpers nach einer bestimmten Zeit ja ausgereizt sei, »… also, was ist dann?« Ich zuckte mit den Achseln. »Alle können ihren Körper mit Training bestens vorbereiten …«, sagte er, »… da stellt sich die Frage: wenn das alle können, warum gibt es Sportler, die herausragend sind?« Er nahm die Antwort vorweg: »Sie trainieren, zusätzlich zu ihren Körpern, auch ihren Geist. Bewusst oder unbewusst gemacht, das ist egal. Sie sorgen dafür, dass der Verstand aufhört, an ihrer Großartigkeit zu zweifeln. Diese Sportler befreien sich mehr oder weniger vom Verstand. Sie nützen ihn, indem sie ihn anweisen, das zu tun was nötig ist, um zu gewinnen.« »Wie geht das?«, fragte ich ihn. »Bevor du deinen Geist trainieren kannst, muss er still werden ...«, erklärte er mir und »... sitze aufrecht und beginne, ruhig zu atmen. Während du das machst, beobachte, wie die Luft ein- und ausströmt. Höre auf die Stimmen in deinen Kopf, höre hin, als wärst du Zuhörer. Höre, ohne zu bewerten, zu beurteilen und zu verdammen. Lass sie einfach kommen. Und immer wieder kehrst du zur Beobachtung deiner Atmung zurück. Denn würdest du deine Gedanken bewerten, so ist es wieder dein Verstand, der mit seinem Denken das Kommando übernimmt.

Wenn du zuhörst, wird dir klar werden: auf der einen Seite sind die Stimmen in deinen Kopf, auf der anderen Seite bist du, der alles beobachtet.« Er fuhr fort: »Mit dem Beobachten der Gedanken wirst du dir deiner Gedanken bewusst. Du hörst auf, die Gedanken mit deinem Verstand zu nähren und öffnest den Kanal zu deinem Unterbewusstsein. Du bist dann ruhig in deinem Kopf und so beginnst du, dir mit allen Sinnen vorzustellen, wie dein Sprung aussehen soll.

Diese Vorstellung wiederholst du immer wieder und spürst dabei mit jeder Faser deines Körpers, wie sich das anfühlt. Trainierst du deinen Geist mit der gleichen Konsequenz wie deinen Körper, so wird das letzten Endes bei gleichen körperlichen Voraussetzungen zwischen Sieg und Niederlage entscheiden.« Diese hervorragende Information nahm ich und begann, sie umzusetzen.

Eine Eigenschaft unseres Denkens ist, dass es uns auf der einen Seite Hoffnung macht, dass es so kommen wird, wie wir uns es vorstellen. Zur gleichen Zeit erzeugt es Angst, dass wir auch versagen könnten.

Hoffnung, dass es so kommt, bringt alles Mögliche in deinen Kopf, vor allem lässt die Hoffnung die Angst vor dem Versagen wachsen. Was passiert zum Beispiel im Sport, gibt man sich der Hoffnung hin? Die uneingeschränkte

Aufmerksamkeit auf das was notwendig ist, um Großes zu bewirken, würde abgezogen. Unser Denken wäre auf die Hoffnung gerichtet und nicht mehr auf das, was wir gerade jetzt zu tun haben.

Bleiben wir beim Skispringen. Um zu gewinnen, ist eine großartig ausgeführte Technik – angewandt ohne Beeinflussung des Denkens – notwendig. Während der Verstand dich also mit Hoffnung und Angst quält, ob du es schaffen wirst, bist du durch diese Gedanken so abgelenkt, dass für die Ausführung der Technik keine Aufmerksamkeit mehr bleibt. Es dominieren Gedanken wie: Springe ich zum richtigen Zeitpunkt ab? Passt das Material? Was ist, wenn nichts von dem passt? Was ist, wenn ich den Absprung versäume? Weil alles nur Möglichkeiten sind, die im Grunde nicht real sind, ist dieser Zustand nicht zu bewältigen, deshalb entsteht Angst. Eine Geisteshaltung, die unsere gesamte Kapazität des Denkens bindet.

Im Zustand der Angst ist es unmöglich, sich auf die Ausführung der Technik zu fokussieren. Es ist unmöglich, weil der selbstständig denkende Verstand alle Energie braucht, um uns im Angstzustand zu halten.

Wir tun also gut daran, unseren Verstand zu beruhigen, um die Angst in den Griff zu bekommen. Durch fleißiges Üben werden sich die unerwünschten Gedanken auflösen.
Über einen langen Zeitraum beobachtete ich immer wieder meine Atmung. War der Verstand frei von Gedanken, stellte ich mir meinen Sprung in allen Einzelheiten vor. Das machte ich konsequent jeden Tag. Vom Annehmen bis zum Tun und den letztendlichen Folgen unseres Tuns braucht es Zeit. Nach drei Jahren war es so weit, ich konnte die Früchte meiner Arbeit ernten (dazu gleich mehr).

Die Vision – der beste Skispringer der Welt

Zu hohe Erwartungen bei Veränderung sind hinderlich. Das heißt aber nicht, dass wir nicht »groß denken« dürfen.

Sich die Zukunft in allen Farben vorzustellen, all das was wir erreichen wollen, ist ganz wichtig. Ich spreche von einer Vision! Einer Vision, die klar definierte Ziele nach sich zieht. Eine Vision, die uns bei jedem einzelnen Schritt unseres Tuns die Sicherheit gibt, auf dem richtigen Weg zu sein.

Eine Vision ermöglicht den Zugriff zur Quelle des Universums. Folgen wir ihr, sind wir nicht vom Verstand gesteuert, begrenzen uns nicht in unserem Denken. Die Vision sorgt dafür, dass wir die notwendigen Aufgaben erkennen und erledigen. Während wir an der Verwirklichung von Visionen arbeiten, ist unser Tun energiegeladen. Wir nützen den Moment, stellen uns ohne Wenn und Aber den Herausforderungen, weil wir wissen, nein, vielmehr spüren, dass es richtig ist.

Es ist Schluss mit dem Verdrängen, wir justieren unser Tun, bis die Vision Wirklichkeit ist. Die Visualisierung von Zielen ist dabei ein hervorragendes Mittel.

Ich habe viele Visionen erschaffen und umgesetzt. Alle hatten eines gemeinsam: sie zogen klar zu verfolgende Ziele nach sich. Ohne nachzudenken, wusste ich, was zu tun war. Neben der körperlichen Arbeit habe ich meinen Geist an der Umsetzung teilhaben lassen. Es galt, die Vorstellungskraft durch mentales Training zu stärken. Bereits im Vorfeld spürt man mit allen Sinnen, wie es sich anfühlt, seine Vision vollendet zu haben.

Anfangs glaubte ich, meine Vision sei, der beste Skispringer der Welt zu werden. Als ich mich eingehender mit Visionen und ihrer Umsetzung beschäftigte, erkannte ich, dass die Erreichung der in der Vision entstehenden Bilder das Ergebnis konsequenten Tuns repräsentiert.

Das machte mir klar, dass der körperliche und geistige Einsatz zur Erreichung meiner Vision in Verbindung mit der optimalen Ausführung meiner Skisprungtechnik steht. Der Sieg, die Medaille, der Beste der Welt zu sein, sind Folgen dessen. Gleichzusetzen mit Macht und Geld als Folgen des Tuns in der Wirtschaft.

Die optimale Ausführung der bis ins letzte Detail automatisierten Technik war von da an Zentrum meiner Vorstellung.

Ich begann mein mentales Training. Schnell begriff ich, dass der Verstand ruhig sein muss, um ein klares Bild zu erlangen. Ruhe im Kopf verhindert Angstdenken. Vom Verstand erzeugte reale Argumente zerstören das geistige Bild von dem was wir erreichen wollen. Angstdenken schadet der Vision.

Mehrmals am Tag beruhigte ich meinen Verstand, indem ich die Atmung beobachtete. Besonders die Ausatmung brachte Ruhe und Entspannung. Die Länge der Übung war egal, sie trägt nicht wesentlich zum Erfolg bei, vielmehr die Qualität des Tuns war ausschlaggebend. Die Gedanken ließ ich zu und führte immer wieder meine Konzentration auf die Beobachtung des Flusses der Atemluft. So lange, bis es still war in meinem Kopf.

Die immer wiederkehrende Ungeduld, den Zustand der Entspannung gleich spüren zu wollen, ließ mich die Beobachtung immer wieder abbrechen. Ich überwand dieses Verhalten mit klarer Zielsetzung: pro Tag musste mindestens ein Atemzug so ausgeführt werden, dass meine gesamte Gedankenenergie auf das Ein- und Ausatmen gerichtet war.

Die Vorgabe – nur ein Atemzug! – nahm den Druck aus der Sache. Das Ziel wurde immer erreicht und an vielen Tagen wurden aus dem Pflichtatemzug viele Minuten, in denen mein Denken ruhig war. Bis es schließlich gelang, mit nur einem Atemzug die nötige Stille im Kopf herzustellen.

Nun stand Teil zwei am Programm. Der bestand darin, mir vorzustellen, wie es sich anfühlt, die Schanze hinunterzufahren, abzuspringen, zu fliegen und wieder zu landen.

Übertrage ich dieses Beispiel in das Berufsleben, so sieht das so aus: Viele haben die Vorstellung von fixen Positionen auf ihrer Karriereleiter und dem damit verbundenem Reichtum oder Wohlstand. Diese Geisteshaltung entspricht mehr der Formulierung eines Wunsches als einer Vision. Wünsche haben den Beigeschmack, dass sie uns (von anderen) erfüllt werden. Wünsche haben nicht das zum Inhalt, was es braucht, um sie zu verwirklichen. Bei einem Wunsch bleiben wir in der wunderbaren Vorstellung von Reichtum oder Wohlstand hängen. Bei einem Wunsch entstehen keine klar zu verfolgenden Ziele. Im Berufsleben sollte die Vision in Verbindung mit einem Lebensziel stehen, das wiederum einem höheren Sinn dient, zum Beispiel Gutes zu tun.

Ein Bekannter sagte einmal zu mir, dass ihm sein ganzer Reichtum, die Flugzeuge, Autos, Häuser etc. nichts bedeute. Er folgte mit seinem Tun der Verwirklichung seiner Vision – seinem Lebensziel – und war darauf bedacht, dass mit seinem Tun andere Menschen ihre zum Teil verrückten Träume verwirklichen konnten. Er investierte das mit seinen Produkten verdiente Geld in diese Menschen, größtenteils Sportler. Die stellten ihr Image und ihre Werbefläche zur Bewerbung des Produktes zur Verfügung. Er nützte sein Lebensziel, Menschen in ihrem Tun zu fördern, und die Folge daraus war materieller Erfolg für sein Unternehmen auf allen Linien.

Die Folgen unseres Tuns (Medaillen, Anerkennung, Geld, Position ...) fühlen sich wie Erfolg an, dabei sind sie nichts weiter als Folgen unseres inspirierten Handelns. Folgen, die unser Ego zufriedenstellen und uns im Grunde in weiterer Folge vom Wesentlichen ablenken. Will ein Skispringer der Beste der Welt werden, hat er ausschließlich mit all seinen Sinnen an körperlichen und mentalen Voraussetzung zu arbeiten, die es ihm ermöglichen, die benötigte Technik im Wettkampf ohne den Einfluss seines Denkens auszuführen.

Die mentalen Übungen ließen mich eins werden mit der geistigen Vorstellung meiner Technik. Mit der Beruhigung des Verstands öffnete sich der Kanal zum Unterbewusstsein. Ich stellte mir in allen Farben den Ablauf meines Sprunges vor. Die tiefgehende Verankerung meiner Sprungtechnik auf der Gefühlsebene wurde durch die Beeinflussung meiner Sinne, durch eine Endlosschleife eines Sprunges, durch Musik und Räucherstäbchen verstärkt. Im meditativen Zustand fühlte ich die Spannung, das gewaltige Gefühl des Fliegens, die Kräfte, die wirkten, sogar den kalten Wind, als wäre es jetzt.

Es dauerte, bis der Verstand losließ und ich ihn auf meine Seite bringen konnte. Lange Zeit änderte sich im realen Leben nichts. Ich sprang durchschnittlich. Aber ich blieb dran, Tag für Tag machte ich die Übungen, ohne etwas zu erwarten. Nur das Tun habe ich beseelt. Nach jahrelanger, konsequenter, körperlicher und geistiger Arbeit war es so weit, und das mentale Training trug Früchte.

Als ich nach dem Sieg beim Neujahrsskispringen in Garmisch-Partenkirchen im Rahmen der Vier-Schanzen-Tournee 1979/80 als Führender nach Innsbruck kam, war die Hölle los. Ich wurde von vielen Fans belagert, Reporter wollten Interviews. Ich war auf Titelseiten von Zeitungen und Magazinen. Schlagzeilen wie »Der Mann ohne Nerven« brachten meinen Verstand zum Durchdrehen.

All diese Einflüsse machten mir bewusst, was auf dem Spiel steht. Mein Kopf war voll mit Angstgedanken: Was ist, wenn ich in Innsbruck versage? Was ist, wenn das Wetter nicht mitspielt? Föhn ist vorausgesagt. Was ist, wenn ich den Absprung versäume?
Viele solcher Gedanken reihten sich ohne mein Zutun aneinander. Ich war so wirr im Kopf, dass ich bereits beim Training nicht die gewünschte Leistung brachte. Mit Sorge und dem Kopf voller Versagensängte fuhr ich ins Hotel. Gleich nach der Ankunft setzte ich mich hin und machte meine vertraute Übung, um Ruhe in mein Denken zu bekommen. Nach wenigen Atemzügen war es still in meinem Kopf. Keine Spur mehr von Angstgedanken.

Nach dem Abendessen beschloss ich, laufen zu gehen, um die Nervosität im Zaum zu halten. Ich nahm meinen Kopfhörer und hörte jene Musik, die mich seit Jahren begleitete.

Während ich lief, entstand wie aus dem Nichts die Vorstellung davon, wie mein Wettbewerb am nächsten Tag ablaufen würde. In jeder Faser meines Körpers fühlte ich den Sprung, als wäre es jetzt. Ich fühlte eine Energie ungekannten Ausmaßes. Der Verstand war dabei völlig ruhig. Ich stieß mich vom Balken, Vertrauen war spürbar. Die Luft umströmte mich, während ich den Anlauf hinunterbrauste. Im Radius der Schanze baute sich enorme Spannung auf. Als würde man einen Bogen spannen.

Wie in Zeitlupe lief der Sprung vor meinem geistigen Auge ab, genau so wie ich es mir Tag für Tag und immer und immer wieder vorgestellt hatte. Ich traf den Absprung genau, eine enorme Dynamik ließ mich vom Schanzentisch weg steigen. Die Luft hielt meinen Körper und ich landete jenseits der Hillsize. Der Platzsprecher sprach von einem neuen Schanzenrekord. Fünfzigtausend Zuseher vor Ort waren außer sich.

Es fühlte sich so echt an. Ohne zu wissen, wie lange ich unterwegs war, kehrte ich geprägt von dieser intensiven Erfahrung in das Hotel zurück. Jegliche Angst vor einem möglichen Versagen war verschwunden. Mein Verstand war ruhig und mit Vertrauen im Einklang.

Am nächsten Morgen wachte ich auf, ich war nervös. Aber diese Nervosität verging, als ich »meine« Musik hörte. Es war nicht mehr notwendig, mir den Sprung vorzustellen, ich war der Sprung.

Es mag unwirklich klingen: es trug sich am nächsten Tag alles genauso zu wie am Vortag erlebt. Kein einziger Gedanke von Angst, alles geschah wie gesehen. Das Einzige, woran ich vor meinem Sprung dachte, war: in der Anfahrtshocke müssen meine Fingerspitzen locker sein. Ich habe mit Schanzenrekord gewonnen.

Das ist das Wesen der meditativen Visualisierung, wo wir mit unseren Sinnen und Gefühlen Zukünftiges im Jetzt entstehen lassen. Die Erfahrung ist so intensiv, dass wir das mit allen Fasern unseres Körpers fühlen können. Das inspirierte Tun macht die Vision zur späteren realen Erfahrung.

Vertrauen in uns ist wichtig, gerade wenn es auf dem Weg Hürden gibt, die das Weitergehen schwer machen. Durch die Anwendung des mentalen Trainings wusste ich immer, was zu tun ist, wenn es hart wurde und wenn der Verstand Zweifel an meiner Großartigkeit aufbrachte. Ich hörte die Musik, fühlte den Sprung und wusste, wofür ich das alles auf mich nehme.

Ich war Herr meines Denkens, ich konnte es ausschalten, wann immer ich das wollte. Diese Erinnerung machte mir Mut und schaffte Bewusstsein dafür, dass es heute ebenfalls wieder möglich sein kann, Herr meines Denkens zu werden. Ich machte mich daran zu aktivieren, was ich bereits als 19-jähriger Sportler beherrscht hatte.

Stille im Kopf ist der Schlüssel. Das erreiche ich mit der Atmung, mit dem Beobachten meiner Gedanken, ohne sie zu bewerten oder sie zu verurteilen. Ich gewähre ihnen Raum, damit sie kommen und gehen können. Man kann Ruhe nicht erzwingen, deshalb liegt der Erfolg der Übung nicht in ihrer Länge, sondern in der Qualität der Beobachtung.

Tun

Unerwünschtes Denken wegatmen

Um mein unkontrolliertes, sich verselbstständigendes Denken unter Kontrolle zu bekommen, ist es notwendig, mein Bewusstsein nach innen zu richten und den Verstand zu beruhigen.

Am besten geht das über das Beobachten der Atmung:

Die Augen schließen und fühlen, wie durch die Atmung Ruhe einkehrt. Gerade die Ausatmung bringt den gewünschten Entspannungseffekt. Ohne Zwang immer wieder zur Beobachtung der Atmung zurückkehren, die Gedanken gewähren lassen, ohne sie zu bewerten.

So durchbreche ich den Kreislauf unentwegten Denkens, ich höre auf, ständig weitere negative Gedanken hinzuzufügen. Die Beobachtung der Atmung/Gedanken geschieht ohne Zwang. Verhalten zu ändern erfordert es, den Moment zu beseelen. Aus diesem Grund spielt Zeit dabei keine Rolle.

Anfangs habe ich mit Gewalt und Ungeduld versucht, mein Bewusstsein nach innen zu richten. Je länger ich mich zwang, bewusst zu atmen, desto stärker kam das unfreiwillige Denken zurück, was wiederum zur Bewertung der aufkommenden Gedanken führte. Zorn entstand, der mich daran zweifeln ließ, ob dieses Atemding überhaupt der richtige Weg sei. Aber letzten Endes war genau dieses Verhalten entscheidend, dass ich erkannte, dass es kleiner Einheiten der Atemübungen bedarf, verbunden mit dem einfachen Tun, um zum Ziel zu kommen.

So führte ich über den Tag verteilt mehrere kurze Einheiten durch, in denen ich mit der Beobachtung meiner Atmung mein Bewusstsein nach innen richtete. Manchmal dauerte die Übung 15 Sekunden, manchmal 2 Minuten. Immer besser spürte ich die Ruhe in meinem Kopf.

Wir tun gut daran, uns von unserem Egodenken zu befreien, das immer wieder für unselbstständigiges Denken sorgt. Tun wir das nicht, ist das, als würden wir zulassen, dass unser Computer oder unser Mobiltelefon ohne unser Zutun unerwünschte Nachrichten versenden. Der Verstand ist ein Instrument, der bei richtigem Gebrauch großartig ist. Agiert er hingegen ohne unsere Kontrolle und unseren Einfluss, so passiert es, dass man tief unglücklich ist, obwohl im jetzigen Moment alles gut ist. »Der Denker« mit seinem selbsterschaffenen Ego ist mehr oder weniger dazu gezwungen so zu handeln, denn tut er es nicht, verliert er Macht über uns und vernachlässigt zwangsläufig seine selbstauferlegte Aufgabe, uns zu beschützen. Deshalb denkt er auch unentwegt.

In meinem Fall implantierte mir der Verstand zum Beispiel Gedanken der Verbitterung darüber, wie unfair man mit mir umgegangen ist. Nur durch das Unterbrechen des Gedankenstroms konnte ich Ruhe finden. Alles begann mit der Beobachtung der Atmung.
Bei regelmäßiger Übung empfindet man schon nach wenigen Atemzügen eine angenehme Ruhe. Kehrt diese Ruhe ein, entsteht das Gefühl, in einem hell erleuchteten Raum zu sein. Es fühlt sich an wie Erleuchtung.

Erleuchtung ist nichts Besonderes, weil sie unserem natürlichen Zustand am nächsten kommt. Erleuchtung bedeutet laut Eckhart Tolle, dass wir uns wahrnehmen, dass wir Freude haben und gut gelaunt durch das Leben gehen. Es lohnt sich, daran zu arbeiten, auch wenn uns zu Beginn der Verstand einen Strich durch die Rechnung macht. Mit Beharrlichkeit und den täglichen Übungen wird es früher oder später gelingen, die Fülle des Lebens und somit diese Erleuchtung wieder zu spüren.

Mein Denken ist klarer geworden. Ich spüre beim Ausatmen, wie so etwas wie Freude entsteht. Immer weniger schlage ich mich mit Gedanken herum, die mein Verstand ohne mein Zutun erzeugt. Verfalle ich mit meinem Denken in das alte Muster, bleibe ich stehen, atme durch und beobachte die Gedanken.

Zusätzlich zu den täglichen Einheiten der Beobachtung meines Denkens mache ich heute auch wieder Meditation. Das aktiviert die Beobachtung der Gedanken ebenso und lässt meinen Verstand ruhig werden.

Um Verhalten zu ändern ist es wichtig, sich realistische, erreichbare Ziele zu setzen. Das mache ich, binde mein Denken an Routinetätigkeiten (Schuhe binden, Zähne putzen, Kauen etc.) und stehe bei der Erledigung dieser Aufgaben unter Einbindung meiner Sinne mit meinem vollen Bewusstsein zur Verfügung. So wird das Verhalten gefestigt und der Moment für die Sache genützt. Dabei ist es egal, um welche Tätigkeit es sich handelt. Ich setze mir ein machbares Ziel, das mit meiner Verhaltensänderung im Einklang steht und erledige es auf achtsame Weise.

Sich ein realistisches Ziel zu setzen, nimmt den Druck und sorgt nach dem Erreichen für ein Erfolgserlebnis. Mit der Vorgabe, es einmal am Tag zu machen, wird das Ziel immer erreicht. Das trägt zur Motivation und zum Weitermachen bei. Mehr noch, ohne müssen zu müssen steigere ich mühelos die Anzahl der Aufgaben, die ich bewusst mache. Das neue Verhalten wird nachhaltig gefestigt.

Für die eine Aufgabe ist Disziplin notwendig, alle anderen sind eine Draufgabe. Mit der klaren Zielsetzung kommen wir voran, das motiviert zum Weiterzumachen und gleichzeitig überlisten wir unseren Verstand, der immer wieder versucht, uns im »alten Verhalten« zu halten.

Ich mache das bei meiner morgendlichen Gymnastik, wenn ich abnehmen oder ein Verhalten ändern will. Es ist viel leichter, für ein naheliegendes, realistisches Ziel Disziplin aufzubringen, als für ein großes, von dem ich im Grunde schon weiß, dass ich es nicht erreichen werde (beispielsweise innerhalb einer Woche zehn Kilo abzunehmen).
In den meisten Fällen fangen wir bei unrealistischen Zielen erst gar nicht mit der Umsetzung an, weil der Verstand zu Recht Argumente vorbringt, dass dies nicht zu schaffen ist.

Es bleibt der eigenen Kreativität überlassen, worauf bei den gesetzten täglichen und machbaren Zielen die ungeteilte Aufmerksamkeit gerichtet wird.

Der innere Schweinehund, ein Kollege des selbstständig denkenden Verstandes, lässt sich eher davon überzeugen, eine einzige Kniebeuge zu machen als zwanzig. Eine positive Nebenerscheinung dieses Zugangs – »Eine Übung ist besser als keine!« – ist die Tatsache, dass der Verstand aufhört, uns ein schlechtes Gewissen zu machen, denn das gesetzte Ziel wird immer erreicht. Es kommt zwar vor, dass die Gymnastik in geringerem Umfang stattfindet - aber sie findet statt. So stellt sich unbemerkt der Erfolg ein.

Arbeiten wir an der Veränderung von Verhaltensmustern, glauben wir am Anfang häufig, die Situation nicht allein bewältigen zu können. Zusammen mit meinem Coach habe ich hier ein Werkzeug entwickelt, das mir dabei half, am Ball zu bleiben:

Entgleise ich mit meinen Gedanken, stelle ich mir Menschen vor, denen ich vertraue. Diese Menschen stehen dann hinter mir und ich fühle, wie sie mir bei der Bewältigung von Situationen helfen. Wer das ist, der uns hilft, ist völlig egal. Unsere Intuition wird uns den richtigen Weg weisen.

Funktionieren die Instrumente der Entspannung, Meditation oder Beobachtung nicht, so greife ich zur Ablenkung. Ich nehme bewusst ein Buch in die Hand und beginne, langsam und laut zu lesen. Ich fokussiere mich auf jedes einzelne Wort, das ich laut vorlese. Die daraus entstehende Konzentration und der Fokus auf eine einzige Sache ist eine effektive Methode, um aus einem negativen Gefühlszustand herauszukommen. Wenn die Aufmerksamkeit auf das Lesen gerichtet ist, ist es unmöglich, sich mit schmerzhaften Situationen zu beschäftigen. Ob unser Fokus gut genug ist, lässt sich leicht daran ablesen, ob wir den Schmerz noch spüren oder nicht.

Ablenkung in Form von Bewegung hilft ebenfalls. Es kommt immer wieder vor, gerade wenn es einen Wetterumschwung gibt, dass ich mit Kopfschmerzen konfrontiert bin. Sobald sich diese Schmerzen bemerkbar machen, egal zu welcher Uhrzeit, beginne ich mit Gymnastik. Kommt der Kopfschmerz um vier Uhr morgens, stehe ich auf und mache eine Stunde lang meine Dehnungs- und Kräftigungsübungen.

Anfangs weigerte sich mein Verstand mit allen Mitteln dagegen. Er redete mir ein, dass die Gymnastik nicht helfen würde. Außerdem sei er müde. So steigerte er sich mit der Aneinanderreihung negativer Gedanken immer weiter in den Schmerz hinein.

Früher habe ich ihm das alles geglaubt und bin in diesem negativen Zustand verblieben. Heute sage ich: »Ja, ist schon gut, du hast recht«, ich erlaube ihm also sein Gemecker, ohne näher darauf einzugehen und richte meinen Fokus auf das einfache Tun. Ich mache Übung für Übung, bis das Kopfweh weg ist. Um es dem Verstand zusätzlich zu erleichtern, den Schmerz loszulassen, trinke ich einen Espresso mit Zitrone, von dem er glaubt, dass ihm das hilft. Es schmeckt grausig, aber ihm hilft es.
Es gibt viele Möglichkeiten der Ablenkung, die die Wahrnehmung ungewollter oder schmerzhafter Gefühle überschreiben können.

Gelingt es mir trotz aller Bemühungen nicht, die ungewünschten Gefühle abzuschütteln, gibt es eine weitere Möglichkeit: das bewusste Aushalten. Die geistige Einstellung, es auszuhalten, wird erreicht, indem man sich immer wieder mit Bedacht vorsagt: »Das halten wir aus«. Aus Erfahrung weiß ich, dass der Verstand die Sinnlosigkeit der Gefühle immer wieder aufzeigt, meist nutzt er dafür Selbstmitleid oder die Opferrolle. Darum wiederhole ich »Das halten wir jetzt aus!« immer wieder. Ich wiederhole diese Worte und richte sie direkt an den Verstand, der sich gerade so leid tut und so arm ist. Das Wort »wir« ist hilfreich, weil das Ego dann glaubt, es gibt noch jemanden, der so arm ist. Gemeinsam hält man das gleich viel besser aus.

Sprechen wir den Satz: »Das halten wir aus!«, sollten wir alle danach kommenden Gedanken einfach wirken lassen, ohne sie zu bewerten. Ihnen

Raum geben und sie sich ausbreiten lassen. Sie können einfach sein, ohne Wenn und Aber.
Der Schmerz hat seine Berechtigung, auch wenn wir gerade nicht wissen, weshalb er da ist oder warum er sich so intensiv anfühlt.

Es sind immer wir die entscheiden können, was wir denken und fühlen. Bei Schmerz klingt diese Aussage aufs Erste vielleicht merkwürdig, denn er nimmt viel von unserer Aufmerksamkeit ein. Es wird uns vielleicht nicht auf Anhieb und auch nicht jedes Mal gelingen, die Aufmerksamkeit erfolgreich von ihm abzuziehen, aber wiederholtes Üben wird die Schmerzblockaden immer öfter lösen.

Auch heute gibt es Gegebenheiten, in denen bei mir die alten Muster durchbrechen oder sich andeutungsweise zeigen. Anders als früher ist es mir heute möglich, meine Gedanken zu beruhigen und sie zu steuern. Sie zu beobachten, zuzulassen oder sie abzustellen.

Das Niederschreiben meiner zwanghaften Gedanken hat dazu geführt, dass der Denker überzeugt wurde, Ruhe zu geben, weil alles aufgeschrieben wurde, was er mir »diktierte«. Mit dem Niederschreiben vermittelte ich meinem Verstand, dass die wesentlichen Dinge zu diesem Thema notiert und einer Lösung zugeführt werden, er brauche sich daher keine Sorgen mehr zu machen. Durch diese Strategie wurde die Endlosschleife des Denkens durchbrochen. Ohne es zu merken, wurde es weniger – bis es einfach aufhörte.

Innere Dialoge führen

Wohlwollen uns selbst gegenüber fördert die Verbindung zu uns und lässt uns Frieden mit anderen Menschen schließen. Wohlwohlen auszusprechen ist die beste Art, es zu zeigen. Mir selbst und auch anderen gegenüber.

Anfangs war das schwer, weil ungewohnt, andere zu loben oder ihnen zu sagen, wie gut sie sind. Meistens habe ich mir das nur gedacht. Das ausgesprochene Wohlwollen sollte real und ehrlich sein. Wir sollten es fühlen. Das tief ehrlich gemeinte Artikulieren von Wohlwollen hat zur Folge, dass das Leben kraftvoll wird. Um für mich Wohlwollen aufzubringen, war es notwendig, mit mir in einen inneren Dialog zu treten. Selbstgespräche sind vergleichbar mit einem Gespräch, das ich in liebevoller Art mit meiner Enkeltochter führen würde. Die wütend ist, die Fragen hat. Immer gehe ich mit Liebe und Einfühlungsvermögen auf sie ein, und ebenso sollten wir mit dem Kind in uns sprechen.

Ich fand es anfangs lächerlich, als ich mit Selbstgesprächen begann. Ein Teil in mir wehrte sich dagegen. Das hing damit zusammen, dass dieser Teil sich paradoxerweise im Sumpf des unglücklichen Lebens sicher fühlt. Er ist den Mangel in seiner Umgebung gewohnt, hat kein Interesse an einer Veränderung, deshalb setzt er die erlernten Verhaltensweisen immer wieder gegen uns ein. Das lässt uns immer wieder den Mut und den Willen verlieren, Veränderungen durchzuziehen. Wir haben uns mit dem Mangel arrangiert.

Trotzdem und unabhängig von dieser Tatsache sollten wir den inneren Dialog konsequent fortführen. Es ist egal, wenn es wegen fehlender Motivation zu Unterbrechungen dieser Gespräche kommt. Nach einer Pause können wir uns immer wieder mit neuer Zuversicht dem Überschreiben unserer unnötigen Programme widmen.

Nichts von dem was in der Vergangenheit geschehen ist, war relevant, es waren einfach nur Ereignisse, bei denen weder wir noch andere die Schuld hatten. Das sollten wir uns bewusstmachen. Wenn uns Personen etwas angetan haben, konnten sie das einfach nicht besser.

Sprechen wir mit uns selbst, müssen wir die gesprochen Worte fühlen und ernst nehmen. Personen oder Geschehnisse zu verdammen oder Hassgefühle zu nähren bringt nichts. Immer wieder dürfen wir uns verinnerlichen, dass alles aus der Vergangenheit vorbei ist und heute keine Bedeutung mehr hat. Diese Erkenntnis macht noch einmal klar, dass Glaubenssätze – entstanden im Gestern – heute nichts mehr über unsere Wertigkeit aussagen.

Die Führungsrolle meines verletzten Teils darf somit enden. Zorn, Weglaufen oder Zurückschlagen werden dann bald verschwunden sein, greife ich aus der Position des Erwachsenen ein.

Würde ich weiterhin meinem Denken die Entscheidungen überlassen, würde es immer wieder dagegen arbeiten, um die Angst aufrecht zu erhalten. All seine Bemühungen in der Vergangenheit waren ja darauf ausgerichtet, mich im Zustand der Angst zu halten.

Alte Verhaltensprogramme überschreiben

Die Vergangenheit hat Spuren hinterlassen, die wie in einem Archiv abgelegt sind. Die Eingabe eines Wortes reicht, und Erlebnisse aus vergangenen Zeiten sind real spürbar. Die meisten von uns kennen diese Auslöser, die zum Angriff oder Rückzug verleiten, die Freude oder Traurigkeit hervorrufen, ohne dass wir darauf einen Einfluss haben.

Mit dem Erkennen dieser Auslöser können wir bewusst eingreifen. Das alte Verhalten kann dann mit einem neuen, gesünderen überschrieben werden. Während bei mir früher der Begriff »World Sports Awards« die negativen Folgen der Schlagzeile mit der erfundenen Behauptung in mein Bewusstsein gebracht hatte, so fallen mir heute all die wunderbaren, einmaligen und unwiederbringlichen Geschichten und Erlebnisse ein. So machte und mache ich mich weiter daran, meine negativen Glaubenssätze durch positive zu ersetzen. Wenn ich zuvor beim Golf von einem »saumiserablen Schlag« gesprochen habe, so sage ich heute, der Schlag ist »verbesserungswürdig«. Allein das Wording suggeriert mir, dass ich es besser kann.

Aufgrund des Abhängigkeitsverhältnisses im Internat war es schwer, mir von Menschen, die in meine Erziehung eingebunden waren, ein realistisches Bild zu machen. Ich musste ihnen vertrauen. Deshalb redete ich mir Situationen immer wieder schön. Ich habe diese Menschen idealisiert, egal wie schlecht sie zu mir waren, nur um es auszuhalten. Heute versuche ich noch immer, Schlechtes als »nicht so schlecht« hinzustellen, erkenne aber immer öfter, dass es nicht mehr nötig ist, das zu tun.

Es ist keine sinnvolle Option, mit Menschen zu brechen, die negative Erinnerungen in uns wecken. Das wäre nur ein weiteres Verdrängen vom Oberbewusstsein in das Unterbewusstsein, wo es im Verborgenen weiter wirkt. Selbst wenn wir richtig gut sind im Verdrängen wissen wir, dass das Problem da ist – uns selbst können wir nicht täuschen. Weil das so ist, kann es passieren, dass wir eine Person angreifen, die nichts mit dem verdrängten Thema zu tun hat – sie dient uns lediglich als Projektionsfläche unseres im Verborgenen agierenden Zorns.

Wollen wir dieses Verhalten ändern, gilt es, Frieden mit den Menschen zu schließen, die wir für unsere Misere verantwortlich machen. Zuerst hinsehen, dann persönlich das Gespräch suchen. Ist ein persönliches Gespräch, aus welchen Gründen auch immer, nicht möglich, sind die belastenden Gedanken zu beobachten, um sie zu neutralisieren und dann loszulassen. So wird sich gleich oder später die »Abhängigkeit« von anderen Menschen lösen und wir sind frei, unseren eigenen Weg zu gehen.

In einem neutralen Beobachterzustand ist es mir möglich, meine Glaubenssätze zu reflektieren. Mehr noch: ich verstehe das alles. Aber trotzdem kostet es Kraft und Disziplin, um nicht immer wieder in den alten Verhaltensmustern stecken zu bleiben. Das damals Erlebte fühlt sich oftmals realer an als jede vernünftige Überlegung.

Mit dieser Erkenntnis konnte ich viel mehr Verständnis für das Geschehene aufbringen. Verständnis für etwas zu haben, lässt uns erkennen, dass es vorbei ist und keinen Einfluss mehr auf unser Leben hat. Mit Verständnis für die Situation des Anderen und mit dem Verständnis für den Schutzmechanismus der Projektion (auf beiden Seiten) löst sich der tiefliegende Ärger auf. Das Verdrängen hört auf und wir können die Probleme lösen.

Egal, wie wir es momentan sehen, egal, wie schwer es war, egal, wie viele vermeintlich »richtige« Argumente unser Verstand hervorzaubert, egal, wie sehr wir selbst davon überzeugt waren, dass uns jemand etwas Schlimmes angetan hat – all diese Menschen haben massiv zu unserer persönlichen Entwicklung beigetragen!

Das geht anders!

Damit das Tun von Erfolg begleitet ist, sollten wir mit der kleinsten Einheit beginnen, die für Veränderung notwendig ist. Ist das Fehlverhalten ausfindig gemacht, ist es zu Beginn ausreichend, es dankbar anzunehmen. Dankbar im Sinne von: es ist gut, es zu kennen.

Falle ich heute in alte Muster zurück, halte ich inne, verdamme das nicht, sondern sage zu mir: »Das geht anders!« Wenn es die Situation erlaubt, wiederhole ich die Aufgabe, aber bewältige sie mit dem neuen Muster. Dieses Innehalten, ausgelöst durch den Satz: »Das geht anders!«, unterbricht das Anwenden alter Strukturen. Es entsteht die Gewissheit: alles was im aktuellen Moment geschieht, ist richtig. Bin ich der Meinung, es geht besser oder anders, so kann ich es immer justieren. Dieser Zugang fördert das Interesse am Tun und bei Gelingen die Motivation, konsequent weiterzumachen.

Dient die Motivation der falschen Sache, vergessen wir auch oft, Pausen einzulegen. Allein das Signal, eine Pause gebrauchen zu können, passte nicht in meine Welt und nach meiner Annahme schon gar nicht zu meinem Image.

Ich habe es immer wieder »allen gezeigt«, in vielen unterschiedlichen Situationen. Aber was hat es gebracht? Mir ist die Puste ausgegangen, weil nie Schluss damit war. Das Erreichte hat nie gereicht, nie die erhoffte Erfüllung gebracht. Kaum war das Ziel erreicht, die Arbeit erledigt, hatte ich das Gefühl, diese Attribute auch schon wieder zu verlieren und stürzte mich in das nächste Abenteuer.

Wenn unser Einsatz Motiven oder Zielen gilt, die einen Mangel in uns kompensieren sollen, dann endet das in einem endlosen Kreislauf. Es wird nie genügen. Selbst wenn es immer wieder gelingt, die gesteckten Ziele zu erreichen – irgendwann geht die Freude am Tun verloren. Eine ständige Wiederholung von großen Leistungen gefolgt von tiefen Enttäuschungen wurde zu meinem Lebensmuster.

Wann auch immer mir dieses selbst aufgezwungene Leben zu viel wurde, habe ich es nicht etwa hinterfragt, sondern die gelernten Verhaltensweisen aktiviert. Ja, das ist ein ziemlicher Blödsinn, aber wie oft habe ich meine Gefühle hintenan gestellt, um diesem Muster gerecht zu werden, und wie oft habe ich mit der Faust auf mein Spiegelbild geschlagen? Nichts fühlen zu dürfen, das habe ich perfektioniert.

Warum ich über all das spreche? Ganz einfach. Nur wer erkennt, wie er ist und warum, hat die Möglichkeit, den Knoten zu lösen. Das hat nichts mit Schwäche zu tun. Erst Offenheit bietet die Möglichkeit, dem Kleinen in uns zu erklären, dass es nicht mehr nötig ist, sich zu verstellen. Dass es höchste Zeit ist, Veränderung zuzulassen und dadurch die Fülle des Lebens und seine persönliche Größe zu erkennen und zu leben.

Der Tadel aus meinem Umfeld wegen meiner schlechten schulischen Leistungen und dass man mich aus dem Kader geworfen hatte, hatten mich – verbunden mit dem Entstehen massiver Glaubenssätze – zwar zu einem erfolgreichen Sportler werden lassen, aber zugleich zu einem kleinen Menschen, der am liebsten allein in einer Höhle wohnen würde. Zu jemandem, der Menschen verachtete und nur mit viel Aufwand das Rollenspiel aufrecht erhielt, um geliebt zu werden. Entscheidend bei den Veränderungen war es, nicht gegen die Reaktionen anzukämpfen, sondern sie vorerst zuzulassen, ohne sie durch weitere Gedanken zu beseelen. Ich war der Beobachter, der dem kleinen Jungen sah, der immer noch fest davon überzeugt war, er müsse sich/uns vor etwas schützen.

Wenn es um Veränderung geht, ist es wichtig, in jedem Moment mit seinem Besten zur Verfügung zu stehen. Insbesondere dann, wenn anfangs das Ergebnis der Bemühungen noch nicht den Vorstellungen entspricht. Nicht aufgeben, sondern mit Zuversicht – so wie es ist, ist es gut! – weiterzumachen.

Die Balance finden zwischen Distanz und Nähe.

Immer schon habe ich nach Momenten intensiver Nähe wieder Distanz hergestellt, um nicht verlassen zu werden. Bedauerlicherweise habe ich, trotz tiefer Liebe zu meiner Familie, meine Kinder, meine Frau, meine Eltern nicht wirklich an mich herangelassen. Gleichzeitig hatte ich neben dem Wunsch, jegliche Bindungen unter Kontrolle zu behalten, ein stark ausgeprägtes Harmoniebedürfnis. Ein Widerspruch in sich. Distanz zu halten und Harmonie zu leben, ist in der Realität nicht umsetzbar.

Die Intuition hilft mir heute, mein Verhalten hinsichtlich Nähe und Distanz zu steuern. Ich fühle, was ich brauche. Die Beendigung der Beurteilung von Menschen hilft mir dabei, zu erkennen, zu wem ich Nähe oder Distanz aufbauen möchte.

Bin ich in Gesellschaft und fühle, dass ich Abstand zu den Menschen brauche, stelle ich ihn bewusst her. Bis zum Moment des Rückzuges an meinen Ort der Geborgenheit bleibe ich voll präsent, bediene mich meiner Werte wie Aufmerksamkeit und Wohlwollen, um bewusst den Moment zu füllen. Im Grunde habe ich immer die Möglichkeit, für eine oder zwei Minuten einen ruhigen Ort aufzusuchen, wo ich dann mein Bewusstsein nach innen richte und die Beziehung zu mir fördere.

Dieses Wissen beruhigt und bringt die nötige Balance zwischen Nähe und Distanz.

Die Liebe wahrnehmen, die mich umgibt.

Die tiefgehende Auseinandersetzung mit den Geschehnissen hat mir gezeigt, dass es ein Irrglaube war und es immer Menschen gab in meinem Leben, die mich aufrichtig liebten. Durch die Änderung meines Blickwinkels konnte ich plötzlich erkennen, wie viel Liebe um mich herum war. Es mag unglaublich klingen, aber genau im Zusammenhang mit dieser Erkenntnis war es mir erstmals möglich, all dem Erreichten in meinem Leben eine Wertigkeit zu geben. Die Wahrnehmung der Folgen meines Tuns war erstmals nicht darauf gerichtet, sie als Mittel zum Zweck zu sehen, mit dem ich verlorene oder nicht vorhandene Liebe kompensieren musste.

Ich kenne jetzt den massiven Einfluss dieser unnützen Gedanken auf meine Gefühlswelt. Dem Kind in mir zu versichern, wie sehr es geliebt wird und immer geliebt wurde, hat gedauert, aber der kontinuierliche Dialog ließ die Vergangenheit zur Ruhe kommen. Nach so vielen Jahren die Schutzreaktionen loszulassen, ist keine leichte Sache, dafür gilt es Verständnis aufzubringen. Sobald ich heute erkenne, dass ich in alte Verhaltensmuster zurückzufalle, mich klein mache oder wieder einmal versuche, ganz perfekt zu sein, um geliebt zu werden, sage ich zu mir selbst: »Das ist nicht mehr nötig, es ist vorbei, ich werde immer geliebt.«

Eine meiner Schutzreaktionen war es zu glauben, wenn ich der Beste wäre, würde ich geliebt. Signalisiert mir heute jemand, ich könnte etwas nicht schaffen, halte ich inne, reflektiere und frage mich, ob ich das können will oder muss. Durch bewusstes Wahrnehmen von Gesagtem hat der Trigger keine Chance, unbeeinflusst mein Denken zu steuern. Wir müssen aufmerksam im Jetzt sein, so einfach ist das tatsächlich. Sobald wir den Auslöser erkennen, können wir das Programm, das automatisch startet, abbrechen. Anstelle zum Beispiel den Beweis anzutreten, der Beste und es wert zu sein geliebt zu werden, frage ich mich heute: »Will ich das? Muss ich jemandem, muss ich etwas beweisen?«

Dann höre ich unvoreingenommen hin was da an Antworten kommt.
Meinem Gegenüber begegne ich in so einer Situation mit einem Lächeln.

Den Genuss kultivieren.

Das Leben selbst darf, bei all den Verpflichtungen, die wir uns auferlegen, nicht zu kurz kommen. Wir dürfen genießen und wir dürfen uns etwas gönnen. Mehr noch: wir sollten uns immer wieder nach erledigter Aufgabe Gutes tun.

Lange Zeit habe ich mich nicht getraut, mein Leben zu genießen. Eigentlich wusste ich gar nicht, wie das geht. Selten habe ich mir etwas gegönnt und wenn doch, war es mit einem schlechten Gewissen verbunden. Über weite Strecken drehte sich alles darum, zu genügen und um Pflichterfüllung. Genuss gestattete ich mir erst dann, wenn alles erledigt war – aber um ehrlich zu sein, »alles erledigt« gab es so gut wie nie. Früh hatte sich bei mir der Glaube breitgemacht: nur wenn ich hart und fleißig arbeite, habe ich eine Daseinsberechtigung.

So war die Flucht in die Arbeit ein »gutes« Konzept. Zwanghafte Routine und drei Berufe gleichzeitig erforderten nicht nur Selbstdisziplin, sondern auch den Verzicht auf alles andere, auch auf den Genuss. Es gab dafür einfach keine Zeit. Selbst bei Urlauben war der Kopf mit Konzepten und To-do-Listen voll.

Nachdem ich die verborgene Ursache hinter diesem Verhalten verstanden hatte, nämlich nur dann zu genügen und etwas wert zu sein, wenn ich mich völlig verausgabe und der Beste bin, konnte ich dieses Verhalten nach und nach auflösen.

Also hörte ich auf, durch Arbeit meine Daseinsberechtigung zu untermauern. Ich entschloss mich, bewusst jeden Moment mit Aufmerksamkeit dem zu widmen, was gerade mein Interesse erweckte. So habe ich im Zusammenhang mit der Entstehung dieses Buches stundenlang gelesen, geschrieben und war voll bei der Sache. Es gab keine Ablenkung, der Fokus lag auf dem vor mir Liegenden. Das tat ich jedesmal so lange, bis ich fühlte, dass es genug war. Dann legte ich den Computer zur Seite und genoss dankbar den Moment. Atmete durch und richtete meine Aufmerksamkeit auf die daraus entstandene Dankbarkeit. Diese genussvolle Zeit war wie ein Aufladen der Batterien und ermoglichte es mir, anschließend wieder gut und energiegeladen weiterzumachen. Gutes Essen, guter Wein, Golf, Musik und Meditation lassen mich das Leben spüren, machen mich glücklich.

Wieder war es das aufmerksame Wahrnehmen des Moments, der innere Dialog, die halfen, erlerntes Verhalten loszulassen. Heute weiß ich, Genuss gehört zum Leben. Für die meisten Menschen ist es normal, ihr Leben mit Genuss zu bereichern. Für mich, der immer glaubte, dass er beweisen müsste, etwas wert zu sein und zu genügen, nicht.

Nichts auf der Welt ist es wert, sich auf Dauer bis zum Umfallen abzurackern, nur um sich wertvoll, anerkannt und gut zu fühlen. Wertvoll sind wir auch, wenn wir einmal eine Pause machen.

Im Profi-Sport lernt man vom Anfang an, dass Training nur dann effektiv ist, wenn die Pausen zwischen den Einheiten eingehalten werden. Beim Maximalkrafttrainig machte ich nach einer Übung, die nur wenige Sekunden dauerte, mindestens zehn Minuten Pause.

Heute habe ich kein schlechtes Gewissen, wenn ich mir Freizeit und Entspannung gönne. Gerade die geistige Entspannung ist besonders wichtig, denn freie Zeit bringt nichts, wenn man mit dem Kopf bei der Arbeit bleibt. Sich Pausen zu gönnen, lässt uns erkennen was wir imstande sind zu leisten. Die Arbeit geht leicht von der Hand, und man ist produktiver.

Freude und Genuss hängen auch eng mit Schönheit zusammen. Dazu gehört auch unser Zuhause. Wohnen bedeutete mir über viele Jahre gar nichts, eine Wohnung war für mich nicht mehr als ein Dach über dem Kopf. Heute ist das anders ich fühle mich wohl in meinem Zuhause. Die liebevoll gestalteten Details, die meine Frau Claudia in unser Zuhause brachte, tragen viel dazu bei. Konsequentes Entrümpeln förderte zusätzlich das Wohlbefinden. Auch Düfte tragen zum Glücklich-Sein bei. Kurzum, wir tun gut daran, dafür Sorge zu tragen, dass es uns gut geht.

Glück entsteht, wenn wir unseren Verstand anweisen, den Moment zu nützen. Wenn wir genießen und unsere Sinne mit einbinden, potenziert sich die Wahrnehmung von Genuss. Genuss wird sich in dem Maße ausbreiten, in dem wir genussvolle Momente zulassen.

Genuss ist eine Geisteshaltung. Genuss ist, sich seines guten Lebens bewusst zu sein, ohne zu denken.

Vertrauen.

Kontrolle half mir, mich sicher zu fühlen. Das war meinem mangelnden Vertrauen aufgrund des Autonomieverlustes im Internat geschuldet. Bin ich heute mit dem Gefühl konfrontiert, die Kontrolle zu verlieren, stelle ich mir die Frage, was im schlimmsten Falle passieren kann. Ganz ehrlich, was kann tatsächlich passieren, wenn ich mit mehr Entspannung und Vertrauen mir selbst gegenüber und dem Leben insgesamt begegne? Es wird nichts passieren. Alle Gedanken, die Angst produzieren, sind nur Projektion.

Die meisten Vorstellungen, die Angst hervorgerufen haben, sind nie eingetreten. Wenn doch, bin ich mit den Herausforderungen immer fertig geworden. Ohne Vertrauen bleibt das übertriebene Pflichtgefühl und Kontrollstreben bestehen. Ebenso das unkontrollierte Denken verbunden mit Zwangshandlungen. Die daraus entstehende disziplinierte Routine lässt uns im gleichen Maße leiden. Erst wenn wir uns vertrauen, können wir die Kontrolle aufgeben.

Je mehr ich mir zu vertrauen begann, desto höher wurde die Gewissheit, dass eine »Niederlage« nur eine Erfahrung ist, die keinesfalls mein »Überleben« beeinflusst. Das Gegenteil ist der Fall, Niederlagen schärfen den Fokus meines Handelns.

Je mehr ich anderen zu vertrauen begann, desto mehr wurde mir bewusst, wie sehr ich mich auf meine Intuition verlassen kann. Werde ich einmal enttäuscht, dann ist es wie es ist. Ich verharre nicht in Schuldzuweisungen und in Enttäuscht-Sein.

Eine gute Möglichkeit, mangelndem Vertrauen entgegenzuwirken ist, sich den negativen Gefühlen zu stellen. Um dann etwas dagegen tun zu können. Mit dem Aushalten bekommen wir den Kopf frei, mit dem Tun lösen wir den Frust auf.

Vertrauen anderen gegenüber ermöglicht es uns, Dinge offen anzusprechen, die auf der Seele brennen. Ausgesprochenes kann keinen Schaden mehr anrichten. Ausgesprochenes beginnt, sich aufzulösen, weil ein weiterer Mensch weiß, wie es einem geht. Das Darüber-Sprechen ist gut. Außerdem ist es sehr viel leichter, gemeinsam über eine Lösung nachzudenken als allein. Geht einem das Gespräch zu sehr ins Persönliche, so bleibt immer die Möglichkeit, professionelle Ansprechpartner zu suchen.

Wenn es uns gelingt, unsere Bedürfnisse an die erste Stelle zu setzen, beenden wir den Kreislauf, dass unser Leben nach den Vorstellungen anderer und am Handlauf unserer eigenen Glaubenssätze abläuft.

Ich darf sein wie ich bin.

Mein Leben bestand über lange Abschnitte darin, zu beweisen, dass ich genüge. Dieser Zugang brachte mir zwar viel Ruhm und Ehre, aber Zufriedenheit, Lebensfreude oder Glück waren dabei nur von kurzer Dauer. Manchmal hatte ich sogar das Gefühl, als hätte ich mich mein ganzes Leben nach den Bedürfnissen anderer Menschen gerichtet, als hätte ich nicht richtig gelebt.

Bevor ich begann, dieses Buch zu schreiben, setzte ich viel von meinem erlernten pragmatischen Wissen auf Kosten der Intuition ein. Perfektionismus, Anpassung und zu viel Nachdenken – das habe ich erkannt – bringt mich nicht weiter. Nur das beseelte Tun lässt uns unser Leben gestalten.

Es ist eine Illusion, dass man Beziehungen über sich ergehen lassen muss. Anpassung geht auf Kosten der Selbstbehauptung und auch der Selbstachtung. Im Internat hatte ich keine Wahl. Verspüre ich heute den Wunsch, meine Bedürfnisse anzusprechen, so mache ich das. Ich habe aufgehört, mich hinter passivem Widerstand zu verstecken, wenn nötig, setze ich mich angemessen zur Wehr.

Empathie entdecken.

Ich will offen sein: Empathie war nie eine Kernkompetenz von mir. Ich habe mich zwar um Menschen »gekümmert«, das schon. Aber für Freunde und wichtige Bezugspersonen »ist man da«, besonders wenn man gebraucht wird – man kümmert sich nicht. Kümmern ist eine Anmaßung des Egos, um sein Gewissen zu beruhigen und Helfen aus den falschen Motiven heraus.

Mir fehlte es an Empathie, weil ab dem Alter von zehn Jahren meine Autonomie nachhaltig gestört wurde. Menschen haben in einer Art und Weise über mein Leben bestimmt, mit der ich nicht einverstanden war. Einzig die Abneigung diesen Menschen gegenüber half mir, das überhaupt auszuhalten. Dabei konnte ich die Abneigung nicht zeigen, denn sie hätte Sanktionen zur Folge gehabt, es blieb nur das Verdrängen. So konnte das Verhalten, dass ich generell jedem unbewusst Böses unterstelle und keinem vertraue, aus dem Untergrund wirken.

Wenn Menschen nur den kleinsten Anschein zeigten schwach zu sein, sei es durch Körpersprache oder ein selbstmitleidiges Verhalten, war ich entsetzt. Die Verurteilung begann: wie kann man sich so gehen lassen?

Alles wird nicht aufzuholen sein, und doch wirkt sich der Veränderungsprozess bereits auf meine Empathiefähigkeit aus. Was für die meisten Menschen selbstverständlich ist, gelingt auch mir heute immer öfter: Ich kann mit anderen Menschen mitfühlen, ohne mir zu denken, dass diese Menschen sich endlich zusammenreißen sollen.

Empathie ist dann möglich, wenn man mit den eigenen Bedürfnissen im Reinen ist, wenn wir aufgehört haben, gegen uns zu kämpfen. Nicht mehr Ja sagen, wenn wir Nein meinen. Wenn das Rollenspiel beendet ist.

Je mehr wir unser Glück selbst in die Hand nehmen, desto entspannter können wir uns anderen Menschen gegenüber öffnen. Die Abneigung gegenüber Verlierern, gegen Menschen, die sich gehen lassen, die sich selbst leidtun endet dann. Mit mir mehr und mehr ins Reine zu kommen, hat geholfen, die Abneigung den Menschen gegenüber loszulassen. Nicht zuletzt, weil ich verstanden habe, dass es mich nichts angeht: es ist einzig ihre Sache so zu sein, wie sie sind.

Man kann Empathie lernen und empathisches Verhalten trainieren. Hatte ich früher abwertende Gedanken gegenüber Menschen, so bringe ich ihnen heute ganz bewusst mein Wohlwollen entgegen, insbesondere dann, wenn alte Verhaltensmuster hochkommen und abwertende Gedanken anderen gegenüber aufkeimen.

Das klingt aufs Erste möglicherweise befremdlich, und ja, anfangs ist das Verhalten pragmatisch und mit viel gedanklichem Aufwand verbunden gewesen. Aber je öfter ich das praktiziert habe, desto mehr ging mein wohlwollendes Verhalten in Fleisch und Blut über.

Passiert es, dass ich wieder einmal »auf die Empathie vergesse«, mache ich das, was ich bei jeder Verhaltensänderung mache: ich halte inne, beobachte meine Atmung und lasse die Gedanken ohne Wertung zu. Sage dem Teil in mir, der sich weigert, nett zu sein, dass wir erwachsen sind und dieses abwertende Verhalten nicht mehr brauchen.

Bei Extremsituationen wie Kränkung durch andere, wo die Gefühlswelt aus dem Gleichgewicht kommt, da ist und bleibt es schwer, sich in den anderen hineinzufühlen. Aber ich arbeite weiter, meine Kränkungen zu spüren, versuche andere zu verstehen und bringe Verständnis für ihr Handeln auf, ohne mich dabei selbst aufzugeben oder unterzuordnen.

Wut kontrollieren, Angriffe vermeiden.

Vor einiger Zeit machte sich in der Eventbranche Unsicherheit breit, als Antikorruptionsmaßnahmen unter anderem im Zusammenhang mit VIP-Tickets intensiv diskutiert wurden und die Bedenken sich nach und nach in Form von Gesetzen niederschlugen. Einladungen zu Sportveranstaltungen schienen plötzlich unter den Generalverdacht der Bestechung zu fallen. Eine Katastrophe für Organisatoren von Großveranstaltungen, denn ein Teil des Budgets wurde aus dem Verkauf von sogenannten Corporate Tickets gedeckt: Unternehmen kauften eine größere Anzahl von Eintrittskarten unterschiedlicher Kategorien, um sie an Mitarbeiter oder Kunden zu verschenken.

In einer unwürdigen Weise habe ich einen österreichischen Minister angegriffen, weil er aufgrund dieses Gesetzes die Einladung zur Skiflug-WM ausschlug. Es war meine Überzeugung, dass ein gewählter Vertreter unseres Landes die Verpflichtung hätte, bei Weltmeisterschaften, die in unserem Land ausgetragen werden, anwesend zu sein. Meine Forderung begründete ich, dass Millionen Menschen via TV-Liveübertragung von der Großartigkeit des Landes und seiner Menschen, die er repräsentierte, einen Eindruck bekommen würden. Dann ging ich auf das Gesetz ein, wie schwachsinnig es sei. Ich fragte, ob er wisse, wie sich Sportveranstaltungen finanzieren. So schrieb ich mir meinen ganzen Frust in dieser E-Mail an den Minister von der Seele.

Es war reine Zeitverschwendung, nur mein Ego hatte ich damit befriedigt. Mit diesem Frontalangriff richtete ich nur Schaden an.

Viel sinnvoller wäre es gewesen, vorerst einmal zu akzeptieren, dass es dieses Gesetz gibt und nach Lösungen zu suchen, wie unter den neuen Rahmenbedingungen das Ziel, die Einnahmen nicht zu verringern, trotzdem erreicht werden könnte. Als ich erkannt habe, dass so etwas besser geht, suchte ich das Gespräch mit dem Minister, klärte alles auf und konnte so den Brief entschärfen.

Mein Problem war, dass ich die impulsive Wut in mir in diesem Moment einfach nicht zügeln konnte.

Bei Wut müssen die Interventionen darauf abzielen, dass die Wut gar nicht erst aufkommt. Die Prävention muss bei der Kränkung ansetzen.

Genau dann, wenn der Vulkan beginnt auszubrechen, sollte der Blickwinkel auf die Situation geändert werden. Wenn man nachher die Situation bereut, ist das zwar gut, aber viel wichtiger ist die Bewusstmachung, dass wir schon im Moment des Geschehens die Wahlmöglichkeit haben, angemessen wie ein Erwachsener zu reagieren und nicht wie ein kleines Kind, dem man das Spielzeug weggenommen hat.

Mein Glücklichsein – meine Verantwortung.

Jeder Mensch hat aufgrund unterschiedlicher Lebenssituationen Prägungen erhalten. Daraus sollte aber nie der Irrglaube entstehen, andere seien für unser Verhalten verantwortlich oder trügen Schuld an unseren Lebensumständen. Wir sollten unsere Probleme nicht auf andere schieben. Nur wir sind für unsere Situation verantwortlich. Wenn wir Situationen aus dem Blickwinkel der anderen betrachten, erkennen wir, dass sie ihr Bestmögliches gegeben haben. Mehr noch: sie lagen ganz bestimmt richtig – so wie ich das auch von meiner Warte aus sah.

Das heißt aber nicht, dass ich es gutheißen muss. Sondern es ist nur eine wertfreie Feststellung. Beide Seiten haben ihr Bestes gegeben und lagen dabei auch aus der jeweiligen Sicht des Einzelnen richtig.

Auch wenn es den Anschein hatte, andere hätten Schuld: es war meine bewusste oder unbewusste Entscheidung, mich enttäuscht, betrogen, minderwertig oder verletzt zu fühlen. Hätte ich öfter die Gelegenheit genützt, die betroffenen Menschen nach dem »Warum« zu fragen, hätte ich mir viel

Ärger ersparen können. Lange war ich der Illusion erlegen, andere Menschen, Ereignisse oder Umstände seien für mein Wohlbefinden verantwortlich. Diese Annahme ist immer wieder durch »Beweise« untermauert worden. War zum Beispiel ein Verhandlungspartner schlecht gelaunt, habe ich mich auch schlecht gefühlt. Aus heutiger Sicht meiner Entwicklung kurios, aber ich fühlte mich für den Zustand des anderen mitverantwortlich.

Diese gedankliche Illusion, jemand anderer sei für mein Wohlbefinden verantwortlich, funktionierte auch in die andere Richtung: Ich fühlte mich gut, wenn mir jemand ein Kompliment machte, ich reagierte enttäuscht oder verärgert, wenn ich kritisiert wurde. Stand ich im Stau, war ich genervt. War das Wetter am Kulm schlecht, war ich grantig. Sowohl gute wie auch schlechte Gefühle wurden in mir durch äußere Beeinflussung ausgelöst. Das bewirkte, dass meine Stimmung stark vom Außen abhing und ich andere Menschen oder Umstände für mein eigenes Unwohlbefinden verantwortlich machte.

Nur wir entscheiden was wir denken. Es steht uns immer frei, welche Haltung wir einem bestimmten Ereignis oder Menschen gegenüber einnehmen. Anstatt sich wegen eines Staus aufzuregen, könnte ich für die gewonnene Zeit der Ruhe Danke sagen. Dem schlechtgelaunten Gesprächspartner hätte ich mit Empathie begegnen können – ich hätte ihn einfach fragen können, ob ich etwas dazu beitragen kann, dass er sich besser fühlt. Das Wetter hätte ich einfach gelassen hinnehmen können, weil es sowieso nicht zu ändern ist. Jedes einzelne dieser Ereignisse hätte mir als Übung dienen können, in Sachen Geduld und Gelassenheit zu wachsen.

Wir haben viel mehr Gestaltungsmöglichkeiten in Bezug auf unsere Gefühle und Gedanken als wir denken. Auch unsere Stimmungslage und unsere Handlungen können wir beeinflussen – in die eine oder in die andere Richtung. Nur wenn wir bewusst die Verantwortung für unsere Gefühle übernehmen, entkommen wir der Gefahr, von unserem Verstand ausgetrickst zu werden. Die bewusste Entscheidung, selbst zu bestimmen, welche Gedanken wir einsetzen, wird auf unser Wohlbefinden Einfluss nehmen.

In der Vergangenheit habe ich reflexartig negativ auf unterschiedliche Ereignisse reagiert. Emotionslos betrachtet war es unangebracht, so zu reagieren, weil ich es aber doch tat, bleib mir damals nichts anderes übrig, als die Schuld auf andere Menschen zu schieben. Ich brauchte diese »Sündenböcke«, um die Schuld für mein unkontrolliertes Denken und Handeln von mir wegzuschieben. Dieses Ablenkungsmanöver diente dazu, damit ich mich nicht mit meinen Schwächen auseinandersetzen musste.

Selbstreflexion und Weiterbildung hilft dabei, mit unserer versteckten Realität in Kontakt zu kommen. Das Ego stört bei der Selbstreflexion diese Bemühungen. Wann immer es geht, sorgt das Ego dafür, bereits Verdrängtes abermals zu verdrängen. So gibt es keine Änderung unseres Zustandes, Rückfälle sind unsere Begleiter.
Selbstreflexion bedeutet, uns mit der nötigen Distanz zu den Ereignissen selbst zu beobachten. So wie wir Menschen beobachten und oftmals nicht verstehen können warum sie wegen Kleinigkeiten so aus der Fassung kommen.

Wenn wir nicht selbst die Verantwortung für unser Handeln übernehmen und endlich ins Tun kommen, helfen auch all die guten Einsichten aus Büchern und Gesprächen mit anderen Menschen nichts. Das Erdenken neuer Projekte, die wir in der Zukunft verwirklichen werden, wird ohne die nötigen Taten Fiktion bleiben.

Viel hätte ich in der Vergangenheit immer tun können, damit sich meine Stimmung verbessert. Ich hatte es in der Hand, dass es mir gut geht. Dieses Wissen bestätigt: das einzige Erfolgskonzept, das immer funktioniert, ist das Tun.

Wie viele Menschen hadern mit ihrem Job, ohne sich einmal die Frage zu stellen, wie lange sie noch mit dem Hadern weitermachen möchten. Von allein wird es nicht besser, man muss handeln. Es gäbe viele Möglichkeiten, um aus dem negativen Denken herauszukommen. Aber wenn wir nur an diese Möglichkeiten denken und nicht handeln, passiert nichts.

Anders gesagt: wir könnten endlich damit aufhören, über momentan unabänderbare Lebensumstände zu jammern und den Fokus stattdessen auf die vor uns liegende Aufgabe richten. Parallel dazu, bleiben wir beim Beispiel Job, sucht man sich eine neue Arbeit, die den eigenen Wertvorstellungen und der Finanzierung der Lebensinteressen entspricht. Sobald wir ins Handeln kommen, können wir der negativen Gedankenspirale entfliehen.

Es ist interessant zu beobachten, wie groß unsere Angst vor Veränderungen ist. Es hat mit der Angst vorm Scheitern zu tun. Wir verbleiben lieber in der unangenehmen Situation als zu riskieren, dass wir in der neuen Situation scheitern.

Die Möglichkeit zu scheitern wohnt der Veränderung inne. Rückschläge und Scheitern in ein Handeln einzukalkulieren gehört dazu, wenn wir konsequent die Verantwortung für uns übernehmen. Scheitern ist der wahre Steigbügelhalter für die persönliche Entwicklung.

Bedauerlicherweise wird in unserer Gesellschaft Scheitern als negativ angesehen. Was es im Moment des Erlebens auch ist. Wortfrei betrachtet ist Scheitern nur ein Ereignis, genauso wie erfolgreich sein. Es liegt in der Natur des Scheiterns, dass seine positiven Auswirkungen erst später zu erkennen sind. Die meisten von uns können Geschichten erzählen, wo erst das Scheitern die Kugel ins Rollen gebracht hat. Scheitern ist ein wichtiges Mosaikteilchen für den persönlichen Erfolg.

Legen wir uns eine höhere Frustrationsgrenze zu, so ertragen wir den Moment des Scheiterns leichter und begegnen ihm mit mehr Toleranz. Und wie immer hilft es, die Situation anzunehmen, die damit verbundenen negativen Gefühle auszuhalten, um dann Taten zu setzen.

Wir Menschen sind selbst unter den schlimmsten Lebensumständen in der Lage, unsere innere Einstellung so zu justieren, dass wir unser Schicksal annehmen und gestalten können.

Das Ende der Faulheit

Die Faulheit schafft Widerstand und hindert uns, Veränderungen herbeizuführen. Obwohl Trägheit auch ihren Sinn hat. Trägheit spart Kräfte. Trägheit gehört also genauso zu uns wie Aktivität und Zielstrebigkeit. Je weniger man tut, desto träger wird man – und je aktiver man ist, desto mehr Aktionen werden gesetzt.

Freude entsteht nicht, wenn wir faul auf dem Sofa liegen und nur denken, dass wir irgendwann etwas für unsere Freude tun werden. Je bewusster wir mehr tun, umso größer wird die Freude am Weitermachen. Trägheit und Aktivität haben eine sich selbstverstärkende Wirkung. Die Balance zwischen beiden zu finden ist unsere Aufgabe.

Wir können uns unseren Anforderungen stellen und unseren Tag strukturieren. Am leichtesten ist es, aktiv zu bleiben, das Feuer nicht ausgehenzulassen. Lesen ist eine Aktivität, die entspannt aber nicht zu Trägheit animiert. Trägheit wird gefördert durch stundenlanges Serienschauen oder Aufschieben. Trägheit wird gefördert, indem wir uns eine schöne Zukunft auf dem Sofa erdenken, aber nichts dafür tun.

Der Freitag fühlt sich deshalb so herrlich an, weil wir uns geistig in das Wochenende hineinschwingen. Wir freuen uns auf das Nichtstun. Je näher der Montag kommt, desto unwohler fühlen wir uns, weil wir wissen, dass wir wieder funktionieren müssen. Der Montag ist nicht deshalb der schlimmste Tag der Woche, weil er höhere Anforderungen bereitstellt, sondern weil der Unterschied zum Wochenende so deutlich ist. Das ist der Grund, warum wir uns am Montag schlecht fühlen und ab der Wochenmitte unsere Freude und Energie ansteigt.
Finden wir unsere Tagesstruktur, werden wir alle notwendigen Aufgaben – auch jene, die uns keine Freude bereiten – nicht mehr auf später verschieben. Das Später-Machen füllt den Kopf mit vielen Aufgaben, sodass uns meist gar nichts anderes übrig bleibt, als aufzugeben.

Ein Tagesplan hat den Vorteil, dass wir nicht immer darüber nachdenken müssen, was wir als nächstes machen. Der Wille und die Entscheidungsfähigkeit hängen nämlich eng miteinander zusammen, und beide können erlahmen, wenn wir überfordert sind. Wenn wir also nur im Kopf planen und die dazugehörigen Taten nicht setzen, wird das Leben zur Hölle. Irgendwann wissen wir nicht mehr, was wir als Erstes tun sollen. Wir tun dann nichts mehr, ziehen uns zurück und jammern, wie schlecht es uns geht.

Mit dem Abarbeiten der Punkte auf unserer Checkliste haben wir keine Überladung an Arbeit und können den Fokus immer auf das Jetzt richten. Sich Zeit zu nehmen für die einzelnen Aufgaben nimmt den Stress aus dem Leben. Wenn wir dann dabei nicht vergessen, uns zwischendurch etwas Gutes zu tun, dann kann nichts mehr schiefgehen.

Konsequent und geduldig sein

Geht man zu schnell oder oberflächlich vor, kommt es zu keiner oder falscher Automatisierung neuen Verhaltens. Im Sport helfen beim Erlernen der Technik Trainer und Videoaufnahmen, die aktuelle Ausführung mit der optimalen Technik zu vergleichen. Im alltäglichen Leben sind es Slots (Zeitfenster), wo ganz bewusst an der Veränderung des Verhaltens gearbeitet wird. Es hilft, sein enges Umfeld über das zu ändernde Verhalten zu informieren und es zu bitten, darauf zu achten, ob Vorgenommenes zur Umsetzung kommt. Nicht die Dauer der Übung ist entscheidend, sondern konsequent am Verhalten zu arbeiten.

Ich wollte mein Essverhalten dahingehend ändern, dass ich besser kaue. Also richtete ich mein Bewusstsein, wann immer ich mich entschloss zu essen, bevor ich begann, für zehn Sekunden darauf, dass ich bewusst kaue. Beim ersten Bissen war ich voll fokussiert und spürte, wie gut sich das Essen anfühlt. Dann ließ ich vom bewussten Tun ab und aß, ohne darüber nachzudenken. Das Interessante daran ist, dass dieses Bewusstsein für gutes Kauen weiter nachwirkt. Gutes Kauen ist heute automatisiert. Das hat den positiven Nebeneffekt, dass ich mein Gewicht halte, obwohl ich immer esse, wenn ich Hunger habe.

Einsatz und Disziplin sind notwendig für die Veränderung von eingefahrenen Mustern, denn es liegt in unserer Natur, dass wir gewohntes Terrain nicht gern verlassen. Beginnt man Altes durch Neues zu ersetzen, ist das Ergebnis anfangs möglicherweise unbefriedigend. In den meisten Fällen geht es uns auch noch zu langsam. Zu oft fällt man in alte Muster zurück, was bleibt ist Frust. Diese Unzufriedenheit ist ein Nährboden für Ausreden und Argumente, um schlussendlich wieder zum Altvertrauten zurückzukehren.

Altvertrautes bringt uns aber nicht weiter, es bedeutet Stillstand. Es entstehen unüberwindbare Konflikte – ausgelöst von unserem Ego. Das hat zur Folge, dass wir aufhören, unserer Intuition zu folgen. Daraus entsteht wiederum Unzufriedenheit, die übrigens vom gleichen Ego erzeugt wird, das uns mit seinem Argument daran hinderte, konsequent die Veränderung herbeizuführen. Also ein Paradoxon.

Einmal machte ich eine Mayer Kur. Diese dient zum Entschlacken. Wenn überhaupt, bekommt man wenig zu essen. Während dieser Kur traf ich bei einem Spaziergang Niki Lauda und begleitete ihn in ein italienisches Restaurant. Er bestellte Spaghetti. Mir lief das Wasser im Mund zusammen, als ich ihm zusah, mit welchem Genuss er sie aß. Es entstand ein Übermaß an Lust, mir ebenfalls Pasta zu bestellen und der Verlockung nachzugeben. Ich blieb diszipliniert, denn hätte ich nachgegeben, wäre jeder Tag der Kur umsonst gewesen. Mein Selbstwert wäre in den Boden gesunken. So aber förderte diese Entscheidung meine Willenskraft und mein Selbstvertrauen.

Täglich sind wir damit konfrontiert, Unlust zu überwinden. Wer gern lange schläft, bei dem beginnt es mit dem Aufstehen. Will mein Verstand, dass ich meine Sporteinheiten auslasse, hadere ich mit mir. Dem wirke ich entgegen, indem ich innehalte und mich frage: »Aus welchem Grund soll ich die Gymnastik auslassen?« Die aufsteigenden Gedanken beobachte ich, ohne sie zu bewerten. So lange, bis es ruhig ist in meinem Kopf. Ist das geklärt, beginne ich mit der Gymnastik. Schon nach wenigen Übungen ist der Verstand auf meiner Seite. Nach Beendigung entstehen Dankbarkeit und ein gutes Gefühl. Ich bin für den Tag motiviert. Momente, in denen wir Diziplin zeigten, können wir immer wieder abrufen, sie helfen in »schwachen« Momenten.

Die Bilder im Kopf beseelen

Ich habe erlebt, wie es sich anfühlt, einen Wettbewerb in Gedanken zu absolvieren, all die begleitenden Gefühlsregungen als real zu empfinden. Es war möglich, weil mein Gehirn nicht zwischen Realität und Vorstellung unterscheidet. Das wiederum macht die Vorstellungskraft zu einer sehr wichtigen Gehilfin auf dem Weg zur Veränderung.

Unser Gehirn kann blitzschnell anhand von Bildern, Farben, Gerüchen und Tönen Assoziationen knüpfen, positive wie negative. Wir erleben das täglich. Ein Anblick, eine Melodie, ein Duft, eine Geste können in uns Vorstellungs- und Gefühlswelten aus der Vergangenheit in das Jetzt holen. Höre ich zum Beispiel das Beatles-Lied »The Ballade from John und Yoko«, bin ich versetzt in die Zeit während der Olympischen Spiele in Lake Placid. Nahezu in allen Einzelheiten spüre ich, was in dieser Zeit geschehen ist.

Es lohnt sich, diese Fähigkeit zu aktivieren und für unsere persönliche Entwicklung zu nutzen.

Wie das geht? Hinsetzen, den Atem beobachten, den Verstand beruhigen, die Lieblingsmusik einschalten, und die Vision von dem, was Sie sein, erreichen oder machen wollen, entstehen lassen. Die hochkommenden Bilder beseelen und wahrnehmen, als geschehe es jetzt. Damit es nicht nur bei der Vision bleibt, empfehle ich, die intuitiv aufsteigenden Gedanken ohne langes Nachdenken in die Tat umzusetzen.

Aufrecht gehen

In der Zeit, wo ich psychisch aus den Fugen geraten war, war auch meine Körperhaltung schlecht. Es war schon von Weitem sichtbar, dass ich in einer schlechten Verfassung bin.

Wie wichtig es ist, aufrecht, mit den Schultern nach hinten durchs Leben zu gehen, war mir nicht bewusst, bis ich bei meiner Teilnahme an »Dancing Stars« sah, wie sehr die Körperhaltung Einfluss auf meine Stimmung – und noch mehr auf die Benotung – hatte. Vor allem die wiedererlangte Fitness nach dieser Tanzshow hob meine Stimmung. Seither achte ich auf meine Körperhaltung, denn sie steht in unmittelbarer Verbindung mit meinem Befinden.

Wir sollen in Bewegung bleiben, auch wenn wir nicht Olympiasieger oder Weltmeister werden wollen. Es reicht aus, unseren Körper täglich ein wenig zu dehnen und zu kräftigen, oder zweimal in der Woche mit einer erhöhten Geschwindigkeit spazieren zu gehen. Denn jedes Mal, wenn wir daran arbeiten, den Körper fit zu halten und würdevoll und aufrecht zu gehen, erinnert dieses Gefühl daran, dass wir kraftvoll und energiegeladen durchs Leben gehen und dass wir großartig sind.

Um die Resonanz unseres Körpers zu fühlen, brauchen wir Bewusstsein für unseren Körper. Gelingt es, dieses positive Körperbewusstsein in unserem Alltag zu verankern, erinnert es uns daran, dass wir für unsere Lebensumstände selbst verantwortlich sind.

Das Urteilen beenden

Das Be- und Verurteilen anderer Menschen ist ein sehr weit verbreiteter Schutzmechanismus. Be- und Verurteilen ist nicht nur eine immense Verschwendung von Lebenszeit, sondern zeugt von einem unreflektierten Leben und hält uns den Spiegel unserer eigenen Unzulänglichkeiten vor. Und doch machen wir es – wenn wir ehrlich sind - ständig.

Es passiert, dass wir aus heiterem Himmel glauben, dass Menschen auf uns herabsehen oder uns ablehnen. Unbewusst beginnen wir zu beurteilen. Es dauert nicht lange und wir kommen zum Schluss, es handle sich hier um einen unsympathischen Menschen.

Es passiert die volle Ablehnung, obwohl wir den Menschen gar nicht kennen. Im nächsten Moment wandeln wir unsere Unzulänglichkeit in Feindseligkeit um und projizieren diese auf das Gegenüber. Bleibt die Situation unreflektiert, fühlen wir uns als Opfer und werden aufgrund der negativen Beurteilung gleichzeitig zum Täter. Grundlos.

Beurteilungen dieser Art sind nichts anderes als Projektionen, die unsere eigenen Bedürfnisse und Schwächen ans Tageslicht bringen. Wir projizieren unsere eigene Unzufriedenheit, unseren Mangel, auf andere. Unser Ego braucht das, um selbst vollkommen zu wirken. Wir glauben, dass wir unsere verdrängten Probleme leichter aushalten, wenn der/die andere in unserer Vorstellung die gleichen Probleme/Unzulänglichkeiten hat wie wir selbst.

Bemerke ich heute, dass ich mir aus heiterem Himmel ein Urteil über einen Menschen anmaße, so halte ich sofort inne und mache es mir bewusst. Ich blicke auf mein urteilendes Verhalten, ohne es weiter zu bewerten.

Da kommt es vor, dass ich lachen muss, weil der kleine Hubert wieder mittendrin ist, einen anderen Menschen für seine eigene Unzufriedenheit verantwortlich zu machen. Also lasse ich die Projektion zu und beobachte wertfrei, was meinem Ego an der Person sonst noch alles nicht passt. Diese Art Bewusstmachung neutralisiert die Gedanken. Das Urteilen endet. Wie bei allen Veränderungsmaßnahmen dauert es seine Zeit, bis der gewünschte Erfolg eintritt.

Damit es zu einer Veränderung der unbewussten Beurteilung von Menschen kommt, entschloss ich mich, eine fixe Zeit am Tag zu bestimmen, wo ich bewusst auf dieses Verhalten achte. Mein Ziel dabei: mich einer Beobachtung und ihren Folgen mit voller Aufmerksamkeit zu widmen. Ich halte inne und mache mir die Beurteilung bewusst und unterbreche sie damit zugleich. Ich versuche sogar, mit der Person, die meiner Beurteilung zum Opfer fällt, ins Gespräch zu kommen. Ohne Hintergedanken versuche ich herauszufinden, wer hinter der von mir beurteilten Person wirklich steht. Es fällt mir richtig schwer, diese Person anzusprechen und natürlich gelingt es auch nicht immer. Zu viele Argumente sprechen für mein Ego dagegen, wildfremde Menschen einfach anzusprechen, es stellt mir die Frage, was dieser Blödsinn soll. Aber das ist egal, ich versuche es immer wieder aufs Neue.

Rede ich mir ein, dass mich Menschen beurteilen, vielleicht sogar negativ, weiß ich heute, dass ich frei bin und mich immer willkommen fühlen darf und es das gute Recht eines jeden anderen ist, mich zu beurteilen. Andersherum und wertfrei betrachtet: wenn andere Menschen mit mir ein Problem haben, ist das nicht mein Problem, sondern ihres.

Durch das immer wiederkehrende Durchbrechen meiner Muster habe ich die Bewusstheit erlangt, dass Liebe, Empathie und das Fördern anderer Menschen viel wichtiger sind, als den Glaubenssätzen aus der Kindheit weiter Macht zu gewähren. Bei jeder Unterbrechung des unselbstständigen Denkens wird es besser. Schon durch das Erkennen dieses Schutzmechanismus' des Be- und Verurteilens anderer war ein großer Schritt zur Veränderung von Verhaltensmustern und dem Überschreiben von Glaubenssätzen gesetzt.

Seine Berufung finden

Hören wir auf die Intuition, werden wir unsere Berufung finden. Mit dem Zuhören erkennen wir die Aufgaben, die uns zu ihr führen. Mit dem Tun dessen, was nötig ist, wird die Berufung spürbar. Folgen wir unserer Berufung, sind wir aufmerksam und zielorientiert, ermüden wir selten bei der Arbeit. Wir fühlen den richtigen Weg, sind motiviert, es entsteht Freude. Geld, Anerkennung, Macht usw. sehen wir als Folgen unseres Tuns und nicht als Triebfeder oder als den Erfolg selbst. Mit dem Verstand nach der Berufung zu suchen, bringt nichts, denn der Verstand sieht es als Einschränkung seines selbstständigen Tuns und das überfordert ihn. Berufung hat keinen Platz für Oberflächlichkeit und Routine. Das Strahlende, das Leuchtende sollte unser Leben bestimmen. Wir haben immer die Möglichkeit, die vor uns liegenden Aufgaben bestmöglich zu erledigen. Mit der Einstellung, in jedem Moment das Beste zu geben, sich dabei der Inspiration zu bedienen – all das führt automatisch zu unserer Berufung.

Im Rahmen meiner Tätigkeit als Geschäftsführer der Österreichischen Sporthilfe erfand ich die »Nacht des Sports« – die österreichische Wahl zum »Sportler des Jahres«.

Nach der Durchführung der ersten Sportlerwahl entstand in meinem Kopf die Vision von etwas noch Größerem, den »World Sports Awards«. Tage nach der »Nacht des Sports« in Wien sah ich vor meinem geistigen Auge ein Bild, wie Muhammad Ali auf eine Bühne geht. In den Monaten nach der »Nacht des Sports« kam mir diese Vision immer wieder in den Sinn.

Eines Tages war die Zeit reif, und ich beauftragte meine Mitarbeiter herauszufinden, ob es eine Wahl zum Weltsportler gab. Relativ schnell stellte sich heraus: so etwas gab es nicht.

Diese Information löste die Überlegung aus, wem die weltweite mediale Aufmerksamkeit von »World Sports Awards« etwas bringen könnte. Schnell fiel die Wahl auf das Tourismusland Österreich und die Stadt Wien.

Als erstes suchte ich den Kontakt zum österreichischen Bundeskanzler und dem Bürgermeister der Stadt Wien. Zu diesem Zeitpunkt folgte ich ausschließlich meiner Intuition, denn einen richtigen Plan gab es nicht. Ich rief den Staatssekretär für Sport an und bat ihn, mir zu helfen, einen Termin beim Bundeskanzler zu bekommen. Zwei Tage nach dem Telefonat saß ich ihm schon gegenüber und erzählte ihm von der Idee der »World Sports Awards«. Die Worte fand ich mühelos, weil ich einfach die Bilder in meinem Kopf in Worte fasste. Ich sprach mit einer Gewissheit von den größten Sportlern der Welt, die das letzte Jahrhundert durch ihre Leistungen den Sport geprägt hatten, als würden sie bereits in der Staatsoper sitzen.

Der Kanzler erkannte das Potenzial dieser Veranstaltung und kam gleich zur Sache. Er fragte, was das Ganze kosten würde. Ich hatte keine Ahnung, aber ich wusste dass Sydney für das Milleniumsfeuerwerk 50 Millionen Schilling ausgeben würde, denn das hatte ich ein paar Tage zuvor zufällig in einer Zeitung gelesen. Also sagte ich: »50 Millionen!« Er meinte, das sei aber doch ein riesiger Betrag. Ich entgegnete: »Schau her, Sydney gibt für ein Feuerwerk 50 Millionen aus. Ihr würdet das gleiche ausgeben, hättet aber alle Sportler, die weltweit Geschichte geschrieben haben, hier in Österreich: Ali, Pelé, Jordan, Lauda usw. – und die ganze Welt würde über Print und TV von der Großartigkeit Österreichs in Kenntnis gesetzt werden.«
Es dauerte einige Sekunden, dann sagte der Kanzler: »Das machen wir!« Zeitgleich nahm er das Telefon und rief den Bürgermeister von Wien an. Das Gespräch war kurz, aber er überzeugte den Bürgermeister, die Hälfte der 50 Millionen zu übernehmen. Der Kanzler wiederholte: »Das machen wir!« und ich könne mich auf die Zusage verlassen.

Als nächstes brauchten wir eine Jury, die aus den Präsidenten der einzelnen Weltsportverbände bestehen sollte. Mehr als 150 Personen, verteilt auf der ganzen Welt. Diese alle zu besuchen, wäre ein zeitaufwendiges Unterfangen gewesen.

Zufällig traf ich bei einer Sitzung den Präsidenten des Österreichischen Olympischen Komitees, dem erzählte ich von meinem Vorhaben und bat ihn, mir bei der Nominierung der Präsidenten der Weltverbände zu helfen. Wie es der Zufall wollte, gab es drei Tage nach dem Gespräch mit dem Kanzler in Lausanne eine Anti-Doping-Konferenz des IOC. Die Teilnehmer: alle Präsidenten der Weltsportverbände. Ich flog nach Lausanne. So kam es, dass ich drei Tage nach der Finanzierungszusage auch die Welt-Jury für die »World Sports Awards« beisammen hatte. Nur noch keinen Sportler!

Durch die klare Vision verbunden mit entschlossenem Tun nahm die Organisation Fahrt auf. Nach diesen ersten aufregenden Tagen erstellten wir ein Konzept, ein dazugehöriges Budget, und ich machte mich mit dem damaligen Sportchef der Kronenzeitung daran, eine Liste mit den besten Sportlerinnen und Sportlern des Jahrhunderts zusammenzustellen.

Die »World Sports Awards« wurden am 19. November 1999 in der Wiener Staatsoper durchgeführt, 80 der erfolgreichsten Sportler der Welt waren persönlich anwesend. Weltweit sahen via TV über eine Milliarde Menschen die Bilder aus der Wiener Staatsoper. Muhammad Ali gewann die ersten »World Sports Awards of the Century«. In vielen Ländern der Welt wurden die Sieger, allen voran natürlich Muhammad Ali, auf den Titelseiten der Zeitungen abgebildet.

Meine Vision wurde mit konsequentem Tun, mit dem Meistern von Hürden und dem festen Glauben an die Sache umgesetzt.

Die Organisation des Events war in der Schlussphase sehr herausfordernd. Es gab nur sehr geringes Interesse an der Veranstaltung, kein Mensch glaubte daran, dass sie stattfinden würde, was sich negativ auf den Kartenverkauf auswirkte.

Angst entstand, dass die Staatsoper leer sein würde, und um das zu vermeiden und uns die Blamage einer leeren Oper zu ersparen, schenkte ich die unverkauften Eintrittskarten der Österreichischen Sporthilfe. Die gesamte Situation war belastend. Ich war kurz davor, den Mut zum Weiterkämpfen zu verlieren.

Aber ich nahm die Sache wieder in die Hand. Genauer gesagt, machte das das Universum, denn ich erhielt eine E-Mail-Nachricht von Pelé, dass er gern ein paar Tage früher anreisen würde. Wir informierten die Presse, und rasch waren mehr als fünfzig Journalisten für die Pressekonferenz akkreditiert.

Drei Tage vor der Veranstaltung war es so weit, und wir erwarteten die Ankunft von Pelé. Voller Spannung und Vorfreude fuhren der damalige Staatssekretär für Sport und ich zum Flughafen. In den VIP-Räumen des Flughafens warteten schon die Journalisten.

Ein Mitarbeiter der Pressestelle des Wiener Flughafens geleitete uns zum Gate. Das Flugzeug dockte an und die Leute begannen, das Flugzeug zu verlassen. Wir warteten auf den größten Fußballer seiner Zeit. Nach einiger Zeit hatten alle Passagiere das Flugzeug verlassen, aber keine Spur von Pelé. Ich stürmte in das Flugzeug und fragte die Stewardess, wo er denn sei. Sie sah mich verwundert an, fragte wovon und vor allem von wem ich spreche. Ich versuchte, es ihr zu erklären, aber es war bereits offensichtlich: der Jahrhundertsportler war nicht Passagier dieser Maschine gewesen.

Voller Verzweiflung wandte ich mich an einen Flughafenmitarbeiter, der neben dem Gate stand. Ich bat ihn, nachzufragen ob noch ein Flugzeug aus Frankfurt erwartet wird. Er nahm sein Funkgerät und rief die Einsatzleitung. Nach einer gefühlten Ewigkeit kam die Antwort: »Ja. In zehn Minuten landet ein Flugzeug aus Frankfurt und wird beim Gate 52 andocken«.

Ich dachte nur: Um Gottes willen, wir beide stehen am falschen Gate. Bevor wir losrannten, bat ich den Mitarbeiter, zu fragen, ob auf diesem Flug Pelé gebucht sei. Wieder richtete er diese Frage an die Einsatzzentrale. Ich kann mich deshalb so genau erinnern, weil sein Wiener Dialekt so außergewöhnlich ausgeprägt war. Es dauerte zirka dreißig Sekunden, bis die Antwort kam. Dreißig Sekunden voller Hoffnung und Zweifel. Es gingen mir viele Sachen durch den Kopf, wovon eine mein Denken dominierte: Was mache ich, wenn Pelé nicht auf diesem Flug ist?

Dann kam die Antwort und der Mitarbeiter des Flughafens meinte: »Nein, da ist kein Pelé drauf«.

In diesem Moment stieg tiefe Verzweiflung in mir hoch. Ich schlug dem Staatsekretär vor, er solle unbeobachtet den Flughafen verlassen und in sein Büro fahren und ich würde den wartenden Medienvertretern erklären, dass Pelé nicht kommt. Völlig deprimiert und verzweifelt machte ich mich auf den Weg in Richtung VIP-Raum des Flughafens. Da hörte ich aus der Ferne die Stimme jenes Flughafenmitarbeiters, der mir vor kurzem die Hiobsbotschaft überbracht hatte. Er rief mir hinterher: »Hupo! Warte! Der Pelé ist nicht auf diesem Flug!« »Ja, ich weiß«, sagte ich, »und das ist richtig schlimm!« »Der Pelé ist nicht drauf, aber wer anderer!«, rief er euphorisch. Ich drehte mich um, blieb stehen und erklärte ihm, dass ich Pelé brauche und niemand anderen, denn auf ihn und niemand anderen warten die Menschen im VIP-Raum. »Der Pelé ist nicht drauf, aber wer anderer!«, wiederholte er und wurde immer aufgeregter. Ich verstand ehrlich gesagt überhaupt nicht, wieso er so guten Mutes war: »Sag schon, wer ist es denn?«, fragte ich ihn. »Edson Orantes Don Askemento!!!«, er überschlug sich fast vor Freude, als er mir das verkündete. Ich fragte ihn, wer das sei und er rief: »Das ist Pelé!!!«

Was soll ich sagen. Von einer Sekunde auf die andere änderte sich mein Gemütszustand. Aus diesen tief negativen Gedanken wurde eine positive Situation, und wenig später marschierte ich an Pelés Seite zu den wartenden Journalisten.

Seine Ankunft in Wien änderte alles für die »World Sports Awards«. Bis zu diesem Zeitpunkt hatten sich nur eine Handvoll Journalisten angemeldet. Ab diesem Moment, wo Pelé in Österreich war, kamen im Minutentakt aus aller Welt Anmeldungen von Berichterstattern.

Die Kartenanfragen sprengten unsere Kapazitäten, denn ich hatte zuvor ja alle unverkauften Karten der Österreichischen Sporthilfe geschenkt – aber so hat das Geld genau dorthin gefunden, wo es gebraucht wurde! Fernsehstationen aus aller Welt wollten das Livesignal, das es aber nicht gab, weil der ORF nur eine Aufzeichnung geplant hatte. Also handelte ich und mietete einen Satelliten, um die Welt an diesem Ereignis teilhaben zu lassen.

Diese Geschichte zeigt sehr gut, welchen Einfluss unbeeinflusstes Denken auf unseren Gemütszustand haben kann. Ich war am Boden zerstört, als die Nachricht kam, Pelé sei nicht im Flugzeug. Als ich die Nachricht erhielt, er sei doch im Flugzeug gewesen und soeben in Wien gelandet, wandelte sich in Sekundenbruchteilen meine Stimmung ins Gegenteil.

Wir sollten mit unserer Großartigkeit und Überzeugung unsere Aufgaben erledigen und akzeptieren, was dabei herauskommt – und zwar ohne, dass das Emotionspendel so extrem innerhalb von Sekunden auf die eine und gleich darauf in die andere Richtung ausschlägt. Wieso auch? Ich hatte alles dafür getan, Pelé nach Wien zu holen und wäre er an diesem Tag tatsächlich nicht im Flugzeug gewesen, wäre es einfach eine weitere Situation gewesen, die es mit meinem Besten zu meistern gegeben hätte.

Die Folgen des Erfolgs

Wer mich und meinen Lebenslauf kennt, wird wahrscheinlich behaupten ich sei erfolgreich. Die Behauptung ist richtig und heute kann ich das auch so sehen. Aber über weite Strecken meines privilegierten Lebens fühlte ich mich trotz aller sportlichen und wirtschaftlichen Erfolge immer wieder leer, klein und bedeutungslos. Lange habe ich nach dem Grund dafür gesucht. Ich weiß heute, dass dieser Umstand meiner Geisteshaltung, den vergänglich Folgen meines Tuns zu huldigen, geschuldet ist.

Immer wenn Projekte abgeschlossen waren, glaubte ich ernsthaft, die Aura des Machers verloren zu haben. Ich fühlte mich ungenügend. Lange Zeit konnte ich den Zustand kompensieren: mit noch besseren Leistungen, noch größeren Events. Doch mit fortschreitendem Alter wurde es schwieriger, das

Tempo aufrecht zu erhalten. Dazu gesellte sich die Frage des Wozu, wenn sich ohnedies alles immer wieder auflöst. Das brachte mich unter Druck, weil meine Grundbedürfnisse, geachtet und geliebt zu werden, so nicht mehr befriedigt werden konnten. Stehen zu bleiben, Pause zu machen, um wieder zu Kräften zu kommen, kam nicht in Frage, denn das würde ja bedeuten, ich bin nicht gut genug. So machte ich weiter, egal wie es mir dabei ging. Die logische Konsequenz war: ich führte über lange Strecken ein freudloses Leben.

Viele glauben, dass das Gewinnen einer Olympischen Medaille Erfolg repräsentiert. Aber stimmt das? Liegt nicht der wahre Erfolg im beseelten Tun vorher? In meinem Sport war die Qualität des Trainings – das aufmerksame Tun, das optimale Ausführen der Technik – der Erfolg. Die resultierenden Leistungen daraus waren die Folgen, nichts weiter.

Ziele erreichen wir mit dem beseelten Tun. Das ist die Grundvoraussetzung für den Erfolg. Für Außenstehende stellt sich das anders dar, denn sie beurteilen was sie sehen: die Folgen.

Dass wir den Erfolg mit seinen Folgen verwechseln, liegt daran, dass unser Ego die Folgen besonders liebt. Ja, es fühlt sich gut an, wenn Menschen auf dich zukommen und die Freude mit dir teilen, dir das Gefühl geben, du wärst etwas Besonderes. Aber die Hingabe zu diesen Folgen birgt Gefahr in sich. Sie entzieht die Aufmerksamkeit. Wir werden nachlässig arbeiten/trainieren zwar, aber ohne der so wichtigen Begeisterung. Und immer wieder ist da die Angst, ob es auch so erfolgreich weitergeht. Anstatt zu arbeiten, wird Energie aufgewendet, um anderen zu gefallen und den Mythos des erfolgreichen Menschen aufrecht zu erhalten. Wir spielen eine Rolle, stellen uns so dar, wie wir glauben, dass uns die Menschen sehen wollen. Das ist nicht nur sinnlos, sondern kostet Kraft.

Ich habe an zwei Olympischen Spielen teilgenommen. Die Vorbereitung für die ersten Olympischen Spiele war geprägt von Fleiß und tief inspirierter

Begeisterung für die Sache. Denn ich wusste damals nichts davon, wie es sich anfühlt, der Beste zu sein oder wie viele Menschen die Freude über die Leistung mit mir teilen werden. Diese Unwissenheit hielt den Fokus hoch. So konnte ich bei den ersten Olympischen Spielen eine Medaille gewinnen. Dies ließ mich in eine fantastische Welt eintauchen, geprägt von einem Übermaß an Aufmerksamkeit, die mir zuteil wurde. Überall wo ich hinkam, gab es nur Anerkennung und Bewunderung.

Weil das so ein gutes Gefühl war, endlich zu genügen, entschloss ich mich, noch mehr zu trainieren, um aus Silber Gold zu machen. Wie ein Besessener habe ich für die Olympischen Spiele in Sarajevo trainiert. Anstatt besser zu werden, fiel meine Leistung ab. Es war unbegreiflich, hatte ich doch schon als Teenager gelernt, dass Training der Schlüssel zum Erfolg ist.

Unbemerkt sind mir durch die Ablenkung der Folgen meines Erfolges die Freude und die Begeisterung abhandengekommen. Freude und Begeisterung wurden ersetzt durch Pragmatik und Angst. Mein Fokus war darauf gerichtet, was möglicherweise passieren wird, wenn ich meine Leistungen nicht wiederhole. Ich machte mir Gedanken, was »die anderen« sagen würden. Also änderte ich mein Verhalten, um den Vorstellungen anderer zu entsprechen, anstatt mich mit dem Wesentlichen auseinanderzusetzen: dem begeisterten Tun.

Obwohl ich laut meinen Trainingsaufzeichnungen um ein Drittel mehr trainiert hatte, als für die Olympischen Spiele 1980 in Lake Placid, wo ich Zweiter wurde, stellte man mich bei den Olympischen Spielen 1984 nicht auf.

Diese Erfahrungen und die Auseinandersetzung damit haben es ermöglicht, einen Veränderungsprozess einzuleiten. Heute gehe ich Aufgaben nicht deshalb an, um Defizite zu kompensieren (zum Beispiel das Gefühl zu bekommen, geliebt und anerkannt zu werden), sondern der Sache wegen. Ich erschaffe eine Vision und leite daraus Ziele ab. Dann erledige ich die einzelnen Aufgaben, mit der mir eigenen Begeisterung. Die Folgen meines

Tuns nehme ich dankend an mit dem Wissen, dass der Erfolg bereits lange vorher verursacht wurde, bevor seine Folgen sichtbar werden.

Weil sich das Ego bedroht fühlt, nützt es auch heute noch jede Gelegenheit, meine Bemühungen zu stören. Klärende Selbstgespräche helfen dabei, das Ego wieder unter Kontrolle zu bekommen. Unreflektiertes Denken gehört mehr und mehr der Vergangenheit an. Immer kann ich es nicht verhindern, aber jedes Bewusstwerden eines unbewussten Gedankenprozesses führt automatisch zur Reflexion – schnell beruhigt sich mein Verstand wieder. Mein Ego und ich kommen zunehmend miteinander in Einklang.

Meist suchte ich in der Vergangenheit nach einer Erklärung, warum mein Leben so verlaufen ist. Dabei ist es gar nicht nötig zu suchen, denn was ich auch immer über die unbewusste Vergangenheit wissen will, wird durch die Herausforderungen der Gegenwart ans Licht gebracht. Vieles ist tief im Unterbewussten versteckt, für den Verstand nicht auffindbar. Trigger hingegen lassen Verdrängtes immer wieder nach oben drängen. Sind längst vergangene Erfahrungen an der Oberfläche unseres Bewusstseins, dann können wir sie entschlüsseln.

Meine Abneigung gegenüber dem Journalisten, dem ich die verleumderische Schlagzeile im Rahmen der »World Sports Awards« verdanke, war grenzenlos. Bei vielen Gelegenheiten holte mein verletztes Ich dieses Ereignis in die Gegenwart. Als Folge entstanden Wut, Zorn und Hass auf diesen Menschen. Diese Gedanken, begleitet von »echten« Gefühlen, hielten mich in dieser längst vergangenen Situation gefangen. Mit allen Nebenerscheinungen.

Weil das Ganze vorbei ist und somit nicht zu bewältigen war, verdrängte ich die Sache jedes Mal erneut. Eine Frage über die »World Sports Awards« reichte, und wie auf Knopfdruck war alles wieder spürbar, als geschehe es jetzt.

Spricht mich heute jemand auf diese Veranstaltung an, entstehen wunderschöne Erinnerungen wie die wunderbare Stimmung in der Wiener Staatsoper, die herzliche Umarmung von Ron Woods von den Rolling Stones, als ich ihm die Eintrittskarte zu den »WSA« in London übergab. Dass mich Muhammad und Loni Ali zu sich nach Michigan eingeladen hatten oder die Erinnerung an »James Bond« Roger Moore, der Moderator der »WSA« in London, der mich freundschaftlich in den Arm genommen hatte, als ich in meinem Wahn geglaubt hatte, die Show in London nach hinten verschieben zu müssen, weil die Royal Albert Hall eine halbe Stunde vor Beginn der Veranstaltung noch halb leer war. Oder wie inspirierend es war, mit Dietrich Mateschitz am Drehbuch des Ablaufes für London zu arbeiten.

Lange wusste ich nicht, wie ich dieses belastende Gefühl loswerden und mit dem Journalisten Frieden schließen könnte.

Bis ich in einem Buch las, es sei unerlässlich, mit seinen Feinden Frieden zu schließen. »Am besten in einem persönlichen Gespräch«, hieß es.

Die Reaktion meines Egos war: »Jetzt bist du komplett deppert!« Tatsächlich war es für mich unvorstellbar, mich mit diesem Menschen zu treffen. Lange Zeit habe ich den Kampf gegen mein Ego in dieser Causa verloren. Aber die Vorstellung, mich endlich von diesem Groll befreien zu können, war letzten Endes stärker.

Unmittelbar nach meiner Rückkehr aus Nashville griff ich zum Hörer und vereinbarte mit dem Journalisten ein Treffen. Das Telefonat verlief pragmatisch und nüchtern, alles in mir wehrte sich.

Ich bereitete mich auf dieses Gespräch insofern vor, dass ich mir immer wieder vorsagte: »Spring ihm nicht an die Kehle. Erzähle ihm, was geschehen ist und was seine Schlagzeile in deinem Leben ausgelöst hat. Greif ihn nicht an, damit er dir zuhören kann und sich nicht verteidigen muss.«

Mit viel Widerwillen hielt ich diese Strategie durch. Ich wechselte zwischen der Frage, warum er das gemacht hatte und den Erzählungen meiner Erlebnisse, die aus dieser Schlagzeile resultierten. Bis hin zum Burn-out und den Erfahrungen in Nashville ließ ich nichts aus.

Als er den Satz fallen ließ: »Das ist doch nicht mein Problem!«, war ich kurz davor, in den Angriffsmodus überzugehen. Aber emotionslos gesehen hatte er recht. Es ist nicht sein Problem. Für meinen Gemütszustand, für meine Lebensumstände war ich alleine verantwortlich. Kein Mensch hat mich gezwungen, so zu denken. Für mich verständlich – für mein Ego nicht.

Er habe doch diese Schlagzeile geschrieben, derentwegen mein Leben zur »Hölle« geworden war, argumentierte ich. Irgendwie schaffte ich es, ihn weder zu verurteilen noch anzugreifen. Nach vier Stunden hatte ich ihm meine ganze Geschichte erzählt. Und nochmals stellte ich die Frage: »Warum haben Sie das gemacht?«

Und dann war es so weit. Er öffnete sich und erzählte mir: »Diese Veranstaltung war großartig, leider hat unser Magazin Ihr Angebot, Partner der Veranstaltung zu werden, mangels Überzeugung abgelehnt. Keiner hat geahnt, welche Dimension diese Veranstaltung annehmen würde. Keiner konnte sich auch nur vorstellen, dass die größten Sportler der Welt, von denen jeder Geschichte geschrieben hatte, »World Sports Awards of the Century« in Wien feiern würden. Wir haben übersehen, auf diesen Zug aufzuspringen, wir konnten nur mehr von außen berichten.« So war laut seinen Ausführungen dem Verlag nichts anderes übrig geblieben, als eine Schlagzeile zu kreieren, die die Veranstaltung in ein negatives Licht stellte. Den ausdrücklichen Auftrag dafür hatte er in der Redaktionssitzung erhalten. Er sollte etwas finden, um das Ganze schlecht zu machen, denn Negativschlagzeilen machen Auflage.

So hätte er sich also auf die Suche gemacht, aber nichts gefunden. Da er nichts finden konnte, konstruierte er einfach aus ein paar Umständen ein

»Fehlverhalten« und behauptete, ich hätte Geld verschwendet, Büromöbel für meine Firma gekauft und Kosten für Flugtickets nicht belegen können. Unter anderem ging es darum, dass ich einer der »WSA«-Gewinnerinnen ein Kleid gekauft hatte, weil ihr Gepäck verlorengegangen war. Von der Oper wurden mir die Produktionsräume leer übergeben, deshalb musste ich Büromöbel kaufen, wie hätten wir sonst arbeiten sollen? Ein einziges Flugticket konnte ich nicht belegen, weil Muhammad Ali die Quittung nicht mehr hatte. Und daraus wurde »Steuermillionen in die eigene Tasche gewirtschaftet«.

Dass die Finanzierung dieses Milleniumsfestes für unser Land entgegen der Abmachung mit dem Bund und der Stadt Wien zu einem großen Anteil von meiner Firma, somit aus privaten Mitteln finanziert wurde, ist dem Journalisten bei seiner Recherche nicht aufgefallen.

Dass jemand so etwas Böses tun konnte, machte mich fassungslos. Und doch war seine Erklärung wie eine Erlösung. Die tief verdrängten Emotionen waren an der Oberfläche und ich konnte sie loslassen.

Die Vergangenheit loslassen

Ich ertappe mich immer wieder dabei, dass die Aufmerksamkeit der Vergangenheit gewidmet wird. Ich spreche von damaligen Leistungen, von Abenteuern und Erfahrungen. Spreche über mein Opferdasein oder Schuldgefühle.

Im Grunde ist nichts Schlechtes daran, in Erinnerungen zu schwelgen. Aber wen interessiert, was wir geleistet haben, wer uns verletzt hat, oder wem wir geholfen haben? Wir befriedigen mit solchen Erzählungen nur unser Ego.

Seit mir das bewusst ist, stelle ich fest, dass viele Menschen dazu neigen, die Vergangenheit richtiggehend hochleben zu lassen. Sie sind von ihrem Ego eingenommen, und das ist nicht verwunderlich. Es gehört eine Portion

Mut dazu, die Vergangenheit aufzugeben, weil wir damit unser Ego aufgeben. Die Vergangenheit gibt unserem Ego Identität, deshalb definiert es sich darüber.

Stelle ich fest, dass mein Ego die Vergangenheit in die Gegenwart holt, beobachte ich diese Gedanken, lasse sie zu, ohne sie mit weiteren Gedanken zu nähren. So fällt es leichter, aufzuhören zu denken: Was wäre, wenn das damals anders gelaufen wäre? Oder: Was wäre, wenn Dieses oder Jenes damals nicht passiert oder mir angetan worden wäre? Ich höre auf, mir unnütze Sorgen zu machen. Was geschehen ist, ist geschehen und es ist vorbei, es hat keinen realen Einfluss mehr auf mich. Auch dann, wenn es der Verstand noch glaubt.

Betrachte ich mein Leben rückblickend, gab es immer Möglichkeiten, die für mein Weiterkommen gesorgt haben. Alle Werkzeuge für die Lösungen von Problemen standen mir zur Verfügung. Es sah so aus, als wären sie mir »zugefallen«, aber die Wahrheit ist: irgendwann habe ich die Dinge in die Hand genommen und aufgehört, meine Gedanken an die Vergangenheit zu verschwenden oder an die Gestaltung der Zukunft zu binden. Ich habe im Jetzt gehandelt.

Diese Erkenntnis motiviert mich, dafür zu sorgen, jeden Moment meines Lebens wahrzunehmen. Ein Leben lang warten, mir die Zukunft schön auszumalen, meine Gedanken auf etwas zu richten, das in den seltensten Fällen geschieht, das möchte ich konsequent aufgeben. Mein Fokus wird darauf gerichtet, was gerade jetzt in meinem Leben alles gut ist. Die Zukunft ist dazu da, dass ich sie mit meinem Handeln im Jetzt nach meinen Vorstellungen gestalte.

Schon die Erkenntnis, die Bereitschaft zur Veränderung sowie der Veränderungsprozess an sich bringen Zufriedenheit und lassen mich schätzen was ich habe. Ohne ständig danach zu trachten, mehr zu haben. So zu handeln und zu denken fördert die persönliche Entwicklung. Die Folge ist eine gewaltige Steigerung der Lebensqualität. Ich bin dankbar für all die aufmerksamen Schritte, die ich in Richtung einer guten Zukunft gehen darf. Ich nehme die Folgen meines Tuns mit Demut an. Diese Dankbarkeit ist der wahre Wohlstand und niemals von materiellen Dingen abhängig.

Passiert es, dass ich frustriert oder wütend bin, oder dass ich das Gefühl habe, zu wenig Wertschätzung zu erfahren, so weiß ich heute in den meisten Fällen damit umzugehen.

Ich weiß, was zu tun ist, um die Situation zu meiner Zufriedenheit zu ändern, aus vorhandenen Verhaltensmustern auszubrechen und sie nachhaltig zu verändern. An der Sache dranzubleiben und das Tun vor alles andere zu stellen. Das ist die Aufgabe.
Es ist unangenehm, mit Problemen oder inneren Verletzungen konfrontiert zu werden. Viel Schmerz geht damit einher – aus diesem Grund habe wir ja verdrängt! Wer mag schon traurig, ängstlich oder verzweifelt sein, oder sich gar minderwertig fühlen?

Es liegt in unserer Natur, dass wir die guten Gefühle wie Glück, Liebe und Freude mitnehmen wollen. Deshalb findet der negative Teil unserer Gefühlswelt nicht so schnell Gehör. Irgendwann verhalten sich unsere Probleme wie ein Kind – betteln umso mehr um Aufmerksamkeit, je weniger Beachtung sie finden.

Was passiert, wenn wir diese negativen Einflüsse nie zu Wort kommen lassen? Sie agieren im Untergrund und richten Schaden an. Sie beeinflussen aus dem Verborgenen unsere Handlungen. Sie stiften Unheil, ohne dass wir es merken.

Ein falsches Wort reichte in meinem Fall, und Wut brach unkontrolliert aus. Das passierte auch bei Situationen, die es gar nicht erforderlich gemacht hätten, so wütend zu reagieren.

Genau dieses eine Wort überlastete das Ventil und ich musste mir Luft machen. Nicht selten setzte ich deshalb unangemessene Handlungen.

Als ich die Idee hatte, ein Promotion-Event für den Kulm – ein Skispringen mitten in New York – zu organisieren, sprach ich mit meinem Team über die Umsetzbarkeit dieses Vorhabens.

Alle hatten Bedenken und trugen unterschiedliche Argumente vor, weshalb das nicht oder schwer durchzuführen sei. Ich war ziemlich frustriert, denn meine Mitarbeiter waren aufgrund unserer internen Vereinbarung eigentlich dazu »verpflichtet«, darüber nachzudenken, wie dieses Projekt umzusetzen wäre und nicht, wie und weshalb es nicht geht. Aber schon an ihrem Verhalten und ihrer Wortwahl glaubte ich herauszuhören, dass es sinnlos sein würde, das Event weiter zu verfolgen.

Wir hätten kein Geld hieß es, und wir brauchen das Event auch nicht wirklich, der Kulm wäre so auch bekannt genug. Irgendwann kam dieses eine Argument zu viel und ich sah rot. Die geballte Kraft der gespeicherten Emotion aus meiner Kindheit – nicht zu genügen, nichts wert zu sein, nichts zustande zu bringen – wurden aktiviert und brachen aus.

Ich verhielt mich völlig indiskutabel: ich erklärte meiner Mannschaft, sie sollten nicht solche Weicheier sein, warf ihnen vor, mir in den Rücken zu fallen und hielt ihnen einen Vortrag über Vertrauen. Hinter meinem Zorn entstand längst die fixe Absicht, es wieder allen zu zeigen. Ich zwang meine Mitarbeiter dazu, ab sofort nicht mehr darüber nachzudenken, wo die Probleme liegen, sondern mir Vorschläge zu machen, wie wir diese Probleme lösen und Vorgenommenes umsetzen können.

Wir zogen dieses Skispringen in Manhattan durch, meine alten Verhaltensmuster, mein Bedürfnis es allen zu zeigen, aber auch bewundert zu werden waren wieder befriedigt.

Wenn ich heute darüber nachdenke, hätten wir das Event auch ohne meinen emotionalen Ausbruch umgesetzt, denn mein Team war großartig. Es gehört bei jedem Projekt und jeder Machbarkeitsdiskussion dazu, die Pros und Kontras abzuwägen. Ich hingegen sah in diesem Moment jeden als Feind, der ein Gegenargument brachte, was natürlich völliger Unsinn war.

Mein Coach stellte mir die Frage, wie ich heute auf so eine Situation reagieren würde.

Auf alle Fälle würde ich dieses Event machen, weil es cool war und eine Menge an Aufmerksamkeit für die Sache brachte. Ich würde mich daranmachen eine Checkliste zu erstellen, die unterschiedlichen Aufgaben je nach Befähigung meinen Kollegen zuzuteilen und sie bitten, nicht zu viel über das Problem nachzudenken, sondern eine Lösung dafür zu finden. Geht das nicht allein, so würden wir uns alle an einen Tisch setzen und gemeinsam an einer Lösung arbeiten. Ich würde das Team motivieren, anstatt sie mit meinen egozentrischen Ausbrüchen einzuschüchtern. Durch meine Glaubenssätze – nicht zu genügen, keinen Wert zu haben - habe ich immer wieder mein Handeln und mein Rollenspiel darauf ausgerichtet, es allen zu zeigen.

Die intensive Arbeit ermöglichte ein schrittweises Auflösen meiner Glaubenssätze. Der Fokus liegt darauf, meine guten Seiten zu fördern und die dunklen neutral zu beobachten. Das balanciert die unglaubliche Macht aus, die Glaubenssätze über uns ausüben.

Der Ort der Geborgenheit

Jeder von uns trägt Vergangenheit in seinem Unterbewussten. Sie nimmt unbemerkt Einfluss auf alles, was wir denken und tun. Wollen wir uns weiterentwickeln, müssen wir uns dem stellen. An einem Ort, wo wir uns willkommen fühlen, fällt das sehr viel leichter. An einem Ort, wo es kein Rollenspiel braucht und wo wir ganz wir selbst sein können.

Den Ort finden wir, wenn wir unser Bewusstsein nach innen richten. Das tun wir, indem wir beginnen, die Atmung zu beobachten, und mit jeder Übung werden wir mehr und mehr erkennen, wo dieser Ort der Geborgenheit zu finden ist und was dieses Gefühl des Bei-sich-Seins ausmacht. Gelöst von den alltäglichen Beeinflussungen fühlen wir uns an diesem Ort geliebt und geborgen. Der Ort gleicht einem Zustand, den man »Bei-sich-Sein« nennt. Sind wir »bei uns«, entwickelt sich ein positives Lebensgefühl, das unser Selbstvertrauen fördert und das es uns möglich macht, uns selbst und anderen Menschen zu vertrauen.

Ich habe erkannt, dass innere Heimat im Außen nicht zu finden ist.

Manche von Ihnen fragen sich vielleicht, ob sie einen Ort der Geborgenheit überhaupt haben, und für den Fall, dass sie ihn haben, was sie daran hindert, ihn aufzusuchen. Jede und Jeder hat diesen Ort der Geborgenheit! Ihn zu finden, das In-mich-Gehen, scheiterte in meinem Fall daran, dass ich glaubte, im Außen etwas zu versäumen. Belastende Gefühle wie Zorn, Angst, Hilflosigkeit, Selbstmitleid oder Wut konnten so zu einem fixen Bestandteil meines Verhaltens werden.

So ein Verhalten ist trotz aller Kompensations- und Schutzstrategien auf Dauer schwer auszuhalten. Der kleinste Auslöser reicht, um den altbekannten Automatismus zu aktivieren: in meinem Fall Rückzug, die Opferrolle, Selbstmitleid, Angriff.

Bewusstheit ermöglicht es, Verhalten zu ändern und Ruhe im Geist zu finden. Denn wo es Dunkel gibt, gibt es natürlich auch Licht. Eine positive Lebenseinstellung und gute Gefühle sind ebenfalls ein Teil von mir, waren es immer, auch wenn ich sie immer wieder tief in meinem Unterbewusstsein versteckt hielt. Spontaneität, Abenteuerlust, Vitalität, Tatendrang und Lebensfreude. Auch ein starkes Selbstwertgefühl zeichnet mich aus, sonst hätte ich manches überhaupt nicht ausgehalten, allem voran mein Rollenspiel des starken Mannes, an dem alles abgeprallt ist.

All diese guten Eigenschaften wurden in den letzten Jahrzehnten durch das Erdenken negativer Lebensumstände überlagert. Mithilfe des Bewusstwerdens meiner Gedanken gelang es mir, den Zugang zum Leben positiv zu verändern und mich nachhaltig von Negativität und dem damit verbundenen Verhalten zu befreien.

Erkenne ich heute eine Fehlschaltung in meinem Denken, die unangemessenes Verhalten nach sich zieht, nehme ich den verletzten Teil in mir wie ein Kind in den Arm und tröste ihn.

Durch kontinuierliches Training in der Beobachtung fand ich Ruhe und meinen Platz, von dem aus ich nun authentisch durchs Leben gehen kann.

Ich zuerst

Es ist Ruhe eingekehrt in mein Denken. Meine Wünsche und Bedürfnisse sind mir bewusst, ich bin bereit, ihnen Folge zu leisten. Ich folge dem Motto »ich zuerst«. Durch die Übertreibung bei der Implementierung dieses neuen Verhaltens war es oftmals mühsam für meine Familie. Aber jetzt zeigt es seine positive Wirkung.

Ich artikuliere offen, dass ich bereit bin, auf mich zu schauen – mehr noch: alles dafür zu tun, dass es mir gut geht. Durch diese Klarheit bin ich in der Lage, das zu tun, was sich richtig anfühlt, und mein Umfeld hat zum überwiegenden Teil Verständnis dafür. Das Gute an der Offenheit: es gibt kaum mehr Rückmeldungen, was ich alles nicht darf. Denn ich darf alles.

Offenheit und Aufrichtigkeit in der Kommunikation und in meinem Tun sorgen dafür, dass die Menschen in meinem Umfeld wissen, worum es mir geht. Dass getroffene Entscheidungen nicht persönlich gegen jemanden gerichtet sind.

Ich-Zuerst hat nichts mit Egoismus zu tun, denn ich achte nach wie vor darauf, keine egoistischen Positionen einzunehmen, nur um Recht zu behalten oder um mein Ego zu befriedigen. Ich sorge dafür, dass ich über meine Interessen spreche, ich beziehe die Mitmenschen in meine Entscheidungen mit ein. Alles auch unter dem Aspekt, ihnen Wohlwollen entgegenzubringen. Handle ich im Sinne meiner Überzeugung, aber gegen ihre Vorstellung, und sind sie deshalb wütend, so ist das in Ordnung, aber nicht mehr mein Problem.

Bei all der Veränderung in meinem Leben erkenne ich, wie wichtig die alten Wege waren, die ich gegangen bin. Sie sind das Fundament für meine persönliche Weiterentwicklung. Entspannung bringt die Erkenntnis, dass diese Wege zum Zeitpunkt, wo sie eingeschlagen wurden, die einzigen waren, die mir offenstanden. Ich habe zur Gänze aufgehört, mit der Vergangenheit zu hadern.

Reduzieren wir uns auf das, was wir können, sind wir bereits jetzt ein unbeschreibliches Wunder, auf das es sich lohnt, gut aufzupassen. Mehr noch: wir dürfen dankbar zu sein. Die Zeit ist gekommen, damit aufzuhören, durch unbewusstes Denken negative Lebensumstände zu erschaffen. Nur wenn wir gut auf uns selbst achten, fühlen wir uns wohl und können eine Wohltat für unser Umfeld sein.

Durch die Veränderungen ergaben sich neue Strategien, die meine Motivation positiv beeinflussten. Das Hauptaugenmerk ist darauf gerichtet, mich selbst gern zu haben und mir Gutes zu tun. Je mehr das gelingt, desto offener begegne ich dem Leben. Die Beziehung zu mir ist viel authentischer. Authentizität hat nichts damit zu tun, der Beste sein, sondern so zu sein, wie es unserem Wesen entspricht.

Bei all den Bemühungen, Fülle in mein Leben zu bringen, war es ein Paradoxon, dass ich am meisten aus schwierigen Situationen und von unangenehmen Menschen lernen konnte. Weil sie mich an meine Grenzen führten. Die Schwächen anderer haben mir geholfen, zu mir zu finden.

Stehe ich heute jemandem gegenüber, der seine eigenen Schwächen auf mich projiziert, suche ich das Gespräch. Fruchtet das nicht, lasse ich ihn in seiner Welt zurück. Ich habe verstanden und gelernt, dass ich andere Menschen nicht ändern kann.

Ich habe meinen Platz gefunden und ich bin bereit, zu meiner wahren Größe heranzuwachsen.

Es ist gelungen, Glaubenssätze an die Oberfläche meines Bewusstseins zu bringen und sie aufzulösen. Das gelang, weil ich ohne Wenn und Aber hinschaute. Beseeltes Tun brachte Veränderung, Zeit spielte dabei keine Rolle. Mit Demut hielt ich Rückschläge oder das Gefühl aus, nichts würde sich ändern.

Mir wurde klar, dass kein anderer Mensch für meine herausfordernden Lebensumstände verantwortlich war. Auch dann nicht, wenn es offensichtlich so aussah. So weiß ich heute, dass Menschen mir nichts antun können, solange ich die Herrschaft über mein Denken habe.

Um den Verstand wieder für meine Zwecke zu benutzen, lernte ich, ihn zu beruhigen. Die Beobachtung der Atmung ließ es still werden in meinem Kopf. Je mehr ich übte, um so mehr konnte ich mein Bewusstsein nach innen richten und meinen Platz finden. An diesem Ort spüre ich mein Sein.

Das Wahrnehmen von Glück, Erfolg und der guten Zeit entstand durch das Beseelen jedes einzelnen Moments. Verdrängen wurde durch Hinsehen, Annehmen oder Aushalten ersetzt. Die Besessenheit durch meinen Verstand konnte so aufgelöst werden.

Das Streben nach Anerkennung und Liebe und zu beweisen, dass ich der Beste bin, sind nicht mehr die treibenden Kräfte. Ich genüge, so wie ich bin. Das hat auch mein Rollenspiel beendet.

Heute sehe ich gelassen und dankbar zurück, erkenne, dass Erlebtes in der Vergangenheit dafür verantwortlich war, dass großartige Eigenschaften entstanden sind, die dafür sorgten, dass ich meinen Weg finden konnte. Meinen Eltern danke ich aus tiefem Herzen für ihre Standhaftigkeit und ihren finanziellen Einsatz.

Jetzt wo ich die Interpretationen der Wahrnehmungen des kleinen Jungen von damals erkannt habe, sie an die Oberfläche bringen und auflösen konnte, wird mir bewusst, wie viele wunderbare Erlebnisse dadurch in meinem Leben entstanden sind.

Ich habe mir das Verhalten angeeignet, mit meinem Besten zur Verfügung zu stehen, und zwar, ohne den Folgen meines Tuns zu viel Wichtigkeit zuzugestehen bzw. von ihnen abhängig zu sein. Wenn etwas erledigt ist, bleibt Dankbarkeit.

Ich behalte meine Bedürfnisse im Auge, beobachte und benütze meinen Verstand. Meditation bringt Ruhe in mein Denken. Sie bringt meine Stärken ans Tageslicht, schärft die Intuition und hilft, Abstand zum hektischen Leben zu gewinnen. Immer wieder suche ich das Gespräch mit meinem Coach, um meinen Weg zu justieren.

Über Angst weiß ich, dass sie keiner realen Grundlage entspricht, sie ist ein Konstrukt meines Denkers, der mir mit seinen Gedanken weismacht, dass in der Zukunft möglicherweise etwas passieren wird. Entstehen Angstgedanken, beobachte ich sie so lange, ohne einen weiteren Gedanken hinzuzufügen, bis aus meinem Unterbewusstsein intuitiv ein Gedanke auftaucht, der mir den Weg zum Tun weist.

Die so lange überlebenswichtig erschienenen Schutzreaktionen brauche ich heute nicht mehr, ich habe sie dankend losgelassen. Meine Werte helfen mir dabei, am Ball zu bleiben. Die distanzierte Einstellung zu Menschen überwinde ich, indem ich Werte wie Wohlwollen oder Empathie einsetze.

Ich spüre eine tiefgehende Dankbarkeit meinem inneren Kind gegenüber, wie tapfer es mich über all die Jahre vor Schaden bewahren wollte. Nie hätte ich ohne sein Verhalten vergangene Erfahrungen meistern können. Ich übernehme jetzt in vollem Umfang die Verantwortung für mein Leben, und zwar als erwachsener Mann. Belastende Erlebnisse der Vergangenheit sind neutralisiert und beeinflussen heute nicht mehr meine Lebensumstände.

Es geht gut weiter

Mein Zugang zum Leben sieht heute so aus, dass ich Aufgaben des täglichen Lebens ohne langes Nachdenken meistere. Fester Wille, Disziplin und der Einsatz meiner Werte helfen, aus fest eingefahrenen Verhaltensmustern auszusteigen.

Scheitern ist ein Teil des Lebens. Scheitern ist wertfrei betrachtet nur ein Ereignis, das mir zeigt, was ich verbessern kann. Scheitern hat viel mehr zu meiner Entwicklung beigetragen als der Erfolg.

Realistische Ziele, der Fokus auf das Jetzt und darauf, mit meinem Besten zur Verfügung zu stehen, sind meine Werkzeuge.
Ich erkenne, dass Zeit nur durch Denken entsteht und die Fülle des Lebens im Jetzt gestaltet wird. Tun ohne Erwartungen, verstärkt durch Intuition, bringt mich in meine wahre Größe.

Und weiche ich von meinem Weg ab, dann ist das halt so, denn schon im nächsten Augenblick kann ich wieder zurückkehren und wieder mein Bestes geben. Es ist nicht nötig, dem Verstand zugestehen, dass er mich bei jeder Kleinigkeit klein macht und zum Versager abstempelt. Viel wichtiger ist es zu erkennen, dass die Freude am Tun im Vordergrund stehen soll und nicht die Folgen meines Tuns den Erfolg ausmachen. Dem Universum reicht es, wenn wir beseelt mit unserem Bestem bei der Sache sind!

Bücher, die ich gelesen habe

Ariely, Dan:
Denken hilft zwar, nützt aber nichts:
Warum wir immer wieder unvernünftige Entscheidungen treffen.
Droemer TB, 7. Auflage, 2. März 2015.

Fisher, R., Ury, W., Patton, B.:
Das Harvard-Konzept:
Die unschlagbare Methode für beste Verhandlungsergebnisse.
Deutsche Verlags-Anstalt, 6. Edition, 20. August 2018.

Grün, Anselm (Autor) und Walter, Rudolf (Herausgeber):
Zur inneren Balance finden: Was das Leben leichter macht.
Verlag Herder, 1. Edition, 14. Juli 2017.

Grün, Anselm:
Vergiss das Beste nicht: Inspiration für jeden Tag.
Verlag Herder, 8. Edition, 21. August 2007.

Hüther, Gerald:
Würde: Was uns stark macht – als Einzelne und als Gesellschaft.
Pantheon Verlag, 7. Edition, 27. Mai 2019.

Millman, Dan:
Der Pfad des friedvollen Kriegers: Das Buch, das Leben verändert.
Heyne, 14. Oktober 2013.

Roman, Sanaya:
Sich dem Leben öffnen:
Schritte zu persönlichem Wachstum und geistiger Kraft.
Ansata, 16. Edition, 24. Juli 2001.

Ruiz, Don Miguel:
Die vier Versprechen:
Ein Weg zur Freiheit und Würde – Der spirituelle Klassiker.
Allegria, 15. Edition, 8. Juni 2012.

Strahl, Stefanie:
Das Kind in dir muss Heimat finden.
Der Schlüssel zur Lösung (fast) aller Probleme.
Kailash, Originalausgabe Edition, 16. November 2015.

Tolle, Eckhart:
Jetzt! Die Kraft der Gegenwart.
Kamphausen Media GmbH, 15. Edition, 15. März 2010.

Tolle, Eckhart:
Leben im Jetzt.
Goldmann, 12. Edition, 17. März 2014.

Walter, Rudolf:
Gelassen werden.
Herder Freiburg, 8. Auflage, 1. Jänner 2003.

Glossar

Admont – Admont ist eine österreichische Marktgemeinde im Norden der Obersteiermark, etwa 20 km östlich der Bezirkshauptstadt Liezen. Die Gemeinde liegt im Gerichtsbezirk Liezen (AT).

Bakken – norwegischer Begriff für eine Skisprungschanze.

Bad Goisern – Bad Goisern am Hallstättersee ist eine Marktgemeinde in Oberösterreich im Bezirk Gmunden im Salzkammergut mit 7528 Einwohnern (Stand 2022).

Bad Mitterndorf – Bad Mitterndorf ist eine Marktgemeinde mit 4940 Einwohnern (Stand 2022) im steirischen Salzkammergut in Österreich. Im Rahmen der Gemeindestrukturreform in der Steiermark wurde sie 2015 mit den beiden Gemeinden Pichl-Kainisch und Tauplitz zusammengeschlossen. Das Gemeindegebiet umfasst seitdem das gesamte Hinterberger Tal.

Bergisel – ein 746 Meter hoher Hügel im Süden von Innsbruck, Österreich.

Bergiselschanze – eine Skisprungschanze auf dem Bergisel in Innsbruck in Österreich.

Bewusstsein – mittelhochdeutsch: bewissen im Sinne von »Wissen über etwas habend«, lateinisch: *conscientia* – »Mitwissen«; ist im weitesten Sinne das Erleben mentaler Zustände und Prozesse.

Ego – lateinisch für das Ich. In der Psychologie für das Selbst. Das Bild, das wir von uns haben, bestimmt wesentlich, wie wir uns verhalten.

F.X.-Mayer-Kur – eine Methode zur Gesundheitsförderung und Entschlackung, die nach ihrem Erfinder Franz Xaver Mayer (1875 – 1965) benannt ist.

Glaubenssatz – Dogma, feststehende Grundannahme.

Helfersyndrom – als Helfersyndrom bezeichnet man negative Auswirkungen übermäßiger Hilfe auf den Helfenden. Es wurde erstmals 1977 von dem Psychoanalytiker Wolfgang Schmidbauer in seinem Buch *Die hilflosen Helfer* beschrieben. Die Störung, die dieser übermäßigen Hilfe zugrunde liegt, wurde später auch als pathologischer Altruismus bezeichnet. Nach diesem Konzept hat ein vom Helfersyndrom Betroffener ein schwaches Selbstwertgefühl und ist auf seine Helferrolle fixiert.
Das Helfen bzw. Gebraut-werden-Wollen wird zur Sucht. Dabei versucht er, ein Ideal zu verkörpern, das er bei seinen Eltern oder generell in seiner Kindheit vermisst hat. Seine Hilfsbereitschaft geht bis zur Selbstschädigung und Vernachlässigung von Familie und Partnerschaft; dabei übersieht oder unterschätzt er die Grenzen des Möglichen und ignoriert auch die Frage, ob seine Hilfe überhaupt erwünscht oder sinnvoll ist. Hilfe anderer bei seiner Mission lehnt er ab. Als Folge kann es zu Burn-out/Depression kommen.

Hillsize – englisch *hill size,* »Schanzengröße«, ist beim Skispringen das wichtigste Maß für die Größe einer Skisprungschanze. Die Hillsize ist die Distanz zwischen dem Schanzentisch und dem Ende des Landebereichs. Sie wird nicht als gerade Strecke gemessen, sondern entlang der Oberfläche der Aufsprungbahn.
Das Ende des Landebereichs wird Hillsize-Punkt genannt. Die Hillsize gilt als die maximale Sprungweite, bei der für einen guten Skispringer noch eine sichere Landung möglich ist. Einzelne Sprünge gehen über die Landezone hinaus, obwohl dies vermieden werden soll.

Garmisch-Partenkirchen – Garmisch-Partenkirchen ist ein deutscher Skiort in Bayern. Die Stadt besteht aus zwei Orten, die im Jahr 1935 vereint wurden. Garmisch-Partenkirchen ist ein bekanntes Reiseziel für Skifahrer, Eisläufer und Wanderer. Die Stadt liegt nahe der Zugspitze, mit 2962 Metern der höchste Berg Deutschlands.

Internationaler Skiverband (FIS) – Die Fédération Internationale de Ski ist der Internationale Skiverband mit Sitz in Oberhofen am Thunersee in der Schweiz. Die Abkürzung FIS wird in allen Sprachen benutzt.

Internationales Olympisches Komitee (IOC) – eine nichtstaatliche Organisation in der Rechtsform eines Vereins mit Sitz in Lausanne (Schweiz). Zweck des Komitees, das aus bis zu 115 regulären Mitgliedern besteht, ist die Organisation und Betreuung der Olympischen Spiele der Neuzeit.

Konstruktionspunkt — der Konstruktionspunkt (kurz K-Punkt, früher: kritischer Punkt) ist beim Skispringen ein Punkt im Aufsprungbereich (Landebereich) einer Skisprungschanze, der bei der Konstruktion der Schanze eine wichtige Rolle spielt. Die Bezeichnung als »Punkt« bezieht sich auf das Längsprofil der Schanze, in dem mehrere Punkte definiert sind. Bei einer realen, dreidimensionalen Schanze ist der K-Punkt eine Linie quer zur Aufsprungbahn.

K-Punkt-Weite – die K-Punkt-Weite ist die Distanz vom Schanzentisch bis zum K-Punkt. Sie wird nicht als gerade Linie, sondern von der Grundkante des Schanzentisches entlang des Hangprofils gemessen. Ausgehend vom K-Punkt werden die von den Skispringern erzielten Sprungweiten bewertet.

Kulm – Die Schanze am Kulm im steirischen Tauplitz (Marktgemeinde Bad Mitterndorf) am Berg Kulmkogel (1123 Meter) gehört zu den größten Skiflugschanzen der Welt und galt bis zum Umbau 2014 als die weltgrößte Naturschanze.

Lake Placid – Wintersportort in den Adirondack Mountains im Essex County des Bundesstaats New York, U.S.A. Lake Placid (englisch: *placid* – gelassen, still) war 1932 und 1980 Austragungsort der Olympischen Winterspiele.

Oberbewusstsein – waches Bewusstsein, dessen Inhalte jederzeit abrufbar sind.

Österreichische Sporthilfe (ÖSH) – die ÖSH mit Sitz in Wien ist ein gemeinnütziger und unabhängiger Verein, der am 29. Oktober 1971 mit dem Ziel gegründet wurde, wurde, Österreichs Nachwuchs- und Spitzensportler mit und ohne Behinderung zu unterstützen.

Österreichischer Rundfunk (ORF) – der Österreichische Rundfunk ist der öffentlich-rechtliche Rundfunk Österreichs und hat seinen Hauptsitz in Wien.

Österreichisches Olympisches Komitee – das **Österreichische Olympische Comité (ÖOC)** wurde 1908 als Vereinigung der größten österreichischen Sportorganisationen gegründet.

Projektion – bezeichnet in der Psychoanalyse allgemein und unabhängig von Schulen einen Abwehrmechanismus. Der Begriff Projektion umfasst das Übertragen und Verlagern innerpsychischer Inhalte oder eines innerpsychischen Konfliktes durch die Abbildung eigener Emotionen, Affekte, Wünsche, Impulse und Eigenschaften, die im Widerspruch zu eigenen und/oder gesellschaftlichen Normen stehen können. Die »Abwehr« besteht dabei darin, dass durch Projektion vermieden wird, sich mit eigenen Inhalten auseinanderzusetzen, die man beim anderen sieht.

Sarajevo – Hauptstadt und Regierungssitz von Bosnien und Herzegowina, der Föderation Bosnien und Herzegowina und des Kantons Sarajevo. Eines der bedeutendsten Ereignisse in der jugoslawischen Epoche waren die Olympischen Winterspiele, die 1984 dort ausgetragen wurden. Nach der Unabhängigkeitserklärung im Zuge des Zerfalls Jugoslawiens wurde Sarajevo zur Hauptstadt. Kurz nach der Unabhängigkeitserklärung begann der dreijährige Bosnienkrieg.

Schutzstrategie – Abwehrmechanismus. Begriff aus der Psychoanalyse, der auch Eingang in die Psychologie gefunden hat. Er bezeichnet psychische Vorgänge, die dazu dienen, innerseelische oder zwischenmenschliche Konflikte auf eine Weise zu regulieren, die der seelischen Verfassung einer

Person Entlastung verschafft. Dies geschieht meist unbewusst. Welche Abwehrmechanismen bei einem Menschen vorherrschen, hängt vom Reifegrad der Persönlichkeit ab. Welcher der verschiedenen Abwehrmechanismen im konkreten Fall zum Einsatz kommt, bestimmt sich darüber hinaus durch die Art des gerade wirksamen Konfliktes und die Art einer eventuell vorliegenden Erkrankung.

Selbstwert – unter Selbstwert (auch: Selbstwertgefühl, Selbstwertschätzung, Selbstachtung) versteht die Psychologie die Bewertung, die man an sich selbst vorgenommen hat.

Skifliegen, Skispringen – das Skifliegen ist eine Variante des Skispringens, bei dem die Sprünge auf Skiflugschanzen absolviert werden. Ab einer Hillsize von 185 Metern und einem Konstruktionspunkt von mindestens 145 Metern gelten Skisprunganlagen als Flugschanzen.

Trigger – Auslöser, auslösender Impuls.

Unbewusstes, Unterbewusstes, Unbewusstsein, Unterbewusstsein – menschliches Denken, Fühlen und Handeln wird nicht nur von bewussten Entscheidungen und Vorgängen bestimmt, sondern ebenso von Strebungen, Triebimpulsen, Strukturen oder Konflikten, die dem Bewusstsein, zeitweise oder grundsätzlich, verborgen sind und somit nicht von ihm kontrolliert werden können.

Vier-Schanzen-Tournee – in der Vier-Schanzen-Tournee sind vier Skisprung-Weltcupveranstaltungen zusammengefasst, die seit 1953 jährlich um den Jahreswechsel in Österreich und in Deutschland stattfinden.

World Sports Awards (WSA) – vom Autor Hubert Neuper ins Leben gerufene Veranstaltung; die erfolgreichsten Sportlerinnen und Sportler der Welt werden bei dieser Veranstaltung ausgezeichnet. Erste Vorgespräche zu den »*WSA*« gab es im November 1998 mit dem Bund und der Stadt Wien, im

November 1999 fanden die ersten »*World Sports Awards of the Century*« in der Wiener Staatsoper statt. Hubert Neuper verkaufte die Rechte an der Veranstaltung, und das Mega-Event trägt heute den Namen **Laureus World Sports Awards**.

Personenverzeichnis

Ali, Muhammad: alias Cassius Marcellus Clay; 1942–2016; dreifacher Weltmeister im Schwergewicht; als er 1981 seine Karriere beendete, hatte er nur vier Kämpfe verloren und 56 gewonnen, 37 davon durch K.O.

Kogler, Armin: geb. 1959 in Innsbruck, Österreich; erzielte 1980 Skiflugweltrekord (180 Meter), war 1981 und 1982 Skisprung-Gesamt-Weltcupsieger und 1982 Weltmeister auf der Normalschanze. Seit 1989 Pilot bei Tyrolean Airways.

Lauda, Niki: Andreas Nikolaus »Niki« Lauda (1949–2019) war österreichischer Automobilrennfahrer, Unternehmer und Pilot. Er startete zwischen 1971 und 1985 in der Formel 1 und wurde dreimal Weltmeister.

Mateschitz, Dietrich: Der Unternehmer Dietrich Mateschitz (geb. 1944 in St. Marein im Mürztal, Österreich) gründete 1987 die »Red Bull GmbH« und machte den Energy-Drink »Red Bull« zum Weltmarktführer. 2021 wurden über 9,8 Milliarden Dosen des Getränks verkauft, was es zum meistverkauften Energydrink der Welt macht.

Moore, Roger: Sir Roger George Moore (1927–2017) war ein britischer Schauspieler. Nach Welterfolgen mit den Fernsehserien »Simon Templar« und »Die 2« spielte Moore in sieben Filmen den britischen Geheimagenten James Bond.

O´Sullivan, Gilbert: der 1946 in Irland als Raymond Edward O´Sullivan geborene Musiker wurde durch eine Reihe von Hits weltbekannt (»Get Down«, »Clair«, »Call On Me« uvm.).

Pelé: geboren 1940 als Edson Arantes do Nascimento; ein ehemaliger brasilianischer Fußballspieler, der auch als Sportminister tätig war. Schon zu Lebzeiten galt er als Fußballlegende. Er wurde dreimal Weltmeister (1958, 1962 und 1970) und erzielte bei 93 Länderspielen 97 Tore.

Preiml, Baldur: der Skispringer, Trainer und Sportpädagoge (geb. 1939) gewann 1968 in Grenoble Olympiabronze. Von 1970 – 1976 war er Professor am Skigymnasium in Stams (Österreich). Er entwickelte ganzheitliche Trainingsmethoden und war von 1974 – 1980 Trainer der Österreichischen Skisprung-Nationalmannschaft. 1987 – 1991 leitete er die Sportabteilung im Bundesministerium für Unterricht, Kunst und Sport.

Woods, Ron: Ronand David »Ron« Wood (geboren 1947) ist ein britischer Rockmusiker und seit 1975 Mitglied der »Rolling Stones«. Er spielt Gitarre und E-Bass.

Danke

Ich danke den Menschen, die meinen Blickwinkel geändert haben, ganz besonders:

Claudia und meinen Kindern Nina und Laura.

Gerhard Rieger,

Bettina Leitgeb,

Felix Gottwald,

Gregor Schlienzauer,

Baldur Preiml,

Robert Hohensinn,

Gilbert O´Sullivan,

Walter Meischberger,

Horst Neuböck.